2017年全国农业行政处罚优秀案卷选编

农业农村部法规司　编

法律出版社
LAW PRESS · CHINA

前　　言

行政处罚文书是行政执法行为的记录和凭证，制作行政处罚文书是每一个行政执法人员的基本功，也是执法水平的直接反映。为提高农业行政执法人员案卷制作水平，2017 年我部组织开展了农业行政处罚案卷评查工作。为更好地利用案卷评查成果，我司特从参评案卷中选编 2 卷优秀案卷，在对原始案卷进行照排的基础上，对有关信息进行了适当技术处理，供各地参考借鉴。

编　者

2018 年 11 月

目　录

案例一　经营假农药案

一、案情简介

2017 年3 月23 日，盐城市亭湖区农业委员会行政执法人员根据盐城市农业委员会转来的江苏省农业委员会农产品质量安全监管局“编号:2017003”《农产品质量安全预警信息》，在某农产品生产基地开展执法检查时发现，该基地从盐城市亭湖区南洋镇某经营部购进标称“黑龙江省某农化有限公司”生产的“70%氟咯草酮可湿性粉剂”农药产品，经与农业部核准的该农药标签内容对照，标签标注的农药登记证号登记产品通用名称为“嗪草酮”，且生产企业名称为“哈尔滨某农化有限公司”。经抽样检测，嗪草酮质量分数未检出，氟咯草酮质量分数未检出，扑草净质量分数为 41.2%，据此，盐城市亭湖区农业委员会认定，该区南洋镇某经营部涉嫌经营假农药。经进一步调查证实，当事人于 2017 年 2 月 25 日在淘宝网上订购物流托运购进 50 袋(40 克/袋)，案发时当事人已销售 47 袋，获得违法所得为 470 元。

当事人经营假农药的行为违反了国务院《农药管理条例》第三十一条第一款的规定，依据农业部《农药管理条例实施办法》第三十八条第一款第一项之规定，并结合《盐城市亭湖区农业委员会行政处罚自由裁量标准》的规定，盐城市亭湖区农业委员会作出没收抽样保存和留存的假农药“70%氟咯草酮可湿性粉剂”2 袋、没收违法所得 470 元、罚款 2350 元的处罚决定。

二、简要点评

这是一起配合农产品质监部门在生产基地检查时发现并追溯查处的违法案件，在以后农业投入品执法检查方式由经营环节向使用环节转变具有借鉴意义。本案有以下突出亮点：

一是调查取证充分。被处罚主体认定明确，有营业执照、负责人身份证明予以证实；当事人的违法情节、违法所得认定有现场检查笔录、证人询问笔录、当事人询问笔录、进销货台账、销售单据、农药登记信息等进行印证，形成完整证据链。

二是执法程序规范。为查清涉案农药登记信息，有向生产企业发出的《产品确认通知书》;在涉案农药检验结果出来后,及时向涉案经营单位发出了《责令改正通知书》,要求停止经营和召回,并在当事人询问笔录和证人询问笔录中体现出询问召回情况与涉案农药使用后危害情况的内容。

三是文书制作规范。本案所有照片均打印制作,均说明了拍摄内容,并有当事人、执法人员签名;对《产品确认通知书》邮寄单、回寄单和物流信息均制作了照片材料;行政处罚决定书制作要素齐全且无明显瑕疵,并用充分的说理来论证处理违法行为的理由、依据和处罚内容,规范程度较高。

本案需要完善的地方:本案虽已查处本地经销商,并向物流发送地农业主管部门发出了线索抄告函,但没有对涉案农药订购自淘宝网这一线索开展调查。

三、处罚案卷

盐城市亭湖区农业委员会

关于盐城市亭湖区[redacted]林业技术推广站[redacted]经营部经营假农药案

卷　宗

案　　号：亭农(农药)罚〔2017〕5号

立案时间：2017年04月19日

结案时间：2017年06月09日

卷内页数：70　保管期限：长　期

承办人员：刘[redacted]　徐[redacted]　李[redacted]

盐城市亭湖区农业委员会

卷 内 目 录

盐城市亭湖区农业委员会
行政处罚决定书

亭农(农药)罚〔2017〕5号

当事人:盐城市亭湖区[redacted]林业技术推广站[redacted]经营部
负责人:周[redacted]
地　址:盐城市[redacted]
统一社会信用代码:913[redacted]

当事人经营的"70%氟咯草酮可湿性粉剂"农药为假农药一案,经本机关依法调查,现查明:

根据盐城市农委转来的省农委农产品质量安全监管局"编号:2017003"《农产品质量安全预警信息》,2017年3月23日盐城市亭湖区农委行政执法人员在盐城市亭湖区黄尖镇[redacted]周[redacted]农产品生产基地执法检查时发现该户从市区[redacted]路[redacted]号[redacted]种业(即:盐城市亭湖区[redacted]林业技术推广站[redacted]经营部)购进的标注商标名称"[redacted]"、"黑龙江省阿城市[redacted]农化有限公司"生产的"70%氟咯草酮可湿性粉剂"(登记证号PD20[redacted],生产日期2016年3月8日)"农药产品,经与农业部核准的该农药标签内容对照,上述登记证号登记的农药产品通用名称为"嗪草酮",且生产企业名称为"哈尔滨[redacted]生物农化有限公司"。2017年3月27日,农业执法人员得到盐城市亭湖区[redacted]林业技术推广站[redacted]经营部负责人周[redacted]的确认,上述农药产品确实为其销售,执法人员对上述农药产品进行了抽样。2017年3月28日,农业执法人员将样品送盐城市产品质量监督检验所检验,同时向上述农药产品标签标注的生产企业"黑龙江省阿城市[redacted]农化有限公司"邮寄了《产品确认通知书》,并于2017年4月5日收到了

“哈尔滨生物农化有限公司”回寄的《关于我单位并非生产“氟咯草酮”产品情况的说明》，据《说明》显示“黑龙江省阿城市农化有限公司”早就更名为“哈尔滨生物农化有限公司”，上述“氟咯草酮”产品是假冒该公司“70%嗪草酮可湿性粉剂”登记证号。2017年3月30日与4月18日，我委分别收到盐城市产品质量监督检验所的检验报告(报告编号№：F2017SH0203和№：F2017SH0312)，检验结果显示：嗪草酮质量分数未检出，氟咯草酮质量分数未检出，扑草净质量分数为41.2%，当事人对检验结果未提出异议。根据国务院《农药管理条例》第三十一条第二款第二项之规定，判定该批农药为假农药，经请示委领导同意于2017年4月19日立案。

经调查，当事人于2017年2月25日在淘宝网上订购物流托运购进标注由“黑龙江省阿城市农化有限公司”生产的“70%氟咯草酮可湿性粉剂”农药产品50袋，包装规格为40克/袋，购进价格为8元/袋，销售价格为10元/袋，截止2017年4月19日，该批农药除抽样3袋（1袋送检、1袋执法机关保存、1袋当事人留存）外，其余47袋已全部销售完，获得销售收入为470元。本机关依据《农药管理条例实施办法》第四十一条“本《实施办法》所称‘违法所得’，是指违法生产、经营农药的销售收入”的规定，认定当事人因经营上述“70%氟咯草酮可湿性粉剂”假农药获得违法所得为470元。

以上违法事实有以下证据证明：

证据一：对当事人的询问笔录1份、对证人的询问笔录1份、现场检查笔录1份，农资产品抽样单1份，证明当事人经营该批农药的事实；

证据二：现场检查照片9张、农药标签审核查询结果1份、产品确认通知书1份，《关于我单位并非生产“氟咯草酮”

产品情况的说明》1份，农药登记证1份，农药检验报告2份、检验结果通知书1份、提供证据通知书1份，证明该批农药为假农药的事实；

证据三：当事人营业执照照片1张、当事人身份证照片2张，证明了当事人的基本信息；证人身份证照片2张，证明证人的基本信息。

本机关认为：

当事人经营的“70%氟咯草酮可湿性粉剂”农药，嗪草酮质量分数未检出，氟咯草酮质量分数未检出，扑草净质量分数为41.2%，根据国务院《农药管理条例》第三十一条第二款“下列农药为假农药：（二）所含有效成份的种类、名称与产品标签或者说明书上注明的农药有效成份的种类、名称不符的。”之规定，判定该批农药为假农药，其行为已经构成经营假农药的违法事实。本机关于2017年5月16日依法向当事人送达了《行政处罚事先告知书》<亭农（农药）告[2017]5号>，当事人在法定期限内未进行陈述申辩，对《行政处罚告知书》中告知的违法事实和拟作出的处罚决定没有提出异议。

当事人在被立案调查期间，充分认识到经营假农药的危害性，并能积极配合执法人员调查取证，主动承担法律责任，态度诚恳，销售数量不多，且按照我委责令整改通知要求，千方百计的联系购买者召回销售的假农药，尽一切可能减轻使用者损失，据调查购买者都已使用完，也未造成重大农业生产事故。根据国务院《农药管理条例》第三十一条第一款“禁止生产、经营和使用假农药。”的规定，依据农业部《农药管理条例实施办法》第三十八条第一款第一项“生产、经营假农药的，劣质农药有效成分总含量低于产品质量标准30%（含30%）或者混有导致药害等有害成分的，没收假农药、劣质农药和违法所得，

3

并处违法所得5倍以上10倍以下的罚款；没有违法所得的，并处10万元以下的罚款。”之规定，并结合《盐城市亭湖区农业委员会行政处罚自由裁量标准》“生产经营假农药,情节轻微有违法所得的,没收非法财物和违法所得，并处违法所得5-6倍罚款”，本机关作出如下处罚决定：

一、没收抽样保存和留存的假农药“70%氟咯草酮可湿性粉剂”2袋；

二、没收违法所得470元整；

三、罚款2350元整（按违法所得5倍计算）。

当事人必须在收到本处罚决定书之日起15日内持本决定书到农行盐城[redacted]支行（执法机关代码：B010[redacted]）缴纳罚没款。逾期不按规定缴纳罚款的，每日按罚款数额的3%加处罚款。

当事人对本处罚决定不服的，可以在收到本处罚决定书之日起60日内向盐城市亭湖区人民政府或盐城市农业委员会申请行政复议；或者6个月内向盐城市盐都区人民法院提起行政诉讼。行政复议和行政诉讼期间，本处罚决定不停止执行。

当事人逾期不申请行政复议或提起行政诉讼，也不履行本行政处罚决定的，本机关将依法申请人民法院强制执行。

盐城市亭湖区农业委员会

2017年5月26日

4

行政处罚立案审批表

亭农（农药）立〔2017〕5号

<table>
<tr><td colspan="2">案件来源</td><td colspan="2">检查发现</td><td>受案时间</td><td>2017年3月23日</td></tr>
<tr><td colspan="2">案　　由</td><td colspan="4">涉嫌经营假农药案</td></tr>
<tr><td rowspan="2">当事人</td><td rowspan="2">单位</td><td>名称</td><td>盐城市亭湖区[redacted]林业技术推广站[redacted]经营部</td><td>负责人</td><td>周[redacted]</td></tr>
<tr><td>地址</td><td>盐城市亭湖区[redacted]</td><td>电话</td><td>130[redacted]</td></tr>
<tr><td colspan="2">简要案情</td><td colspan="4">根据盐城市农委转来的省农委农产品质量安全监管局“编号：2017003”《农产品质量安全预警信息》，2017年3月23日我委农业行政执法人员在亭湖区黄尖镇[redacted]周[redacted]农产品生产基地执法检查时发现该户从市区[redacted]路[redacted]号[redacted]种业（即：盐城市亭湖区[redacted]林业技术推广站[redacted]经营部）购进的标注商标名称“[redacted]”、“黑龙江省阿城市[redacted]农化有限公司”生产的“70%氟咯草酮可湿性粉剂”（登记证号PD20[redacted]，生产日期2016年3月8日）”农药产品，经与农业部核准的该农药标签内容对照，上述登记证号登记的农药产品通用名称为“嗪草酮”，且生产企业名称为“哈尔滨[redacted]生物农化有限公司”。2017年3月27日，农业执法人员得到盐城市亭湖区[redacted]林业技术推广站[redacted]经营部负责人周[redacted]的确认，上述农药产品确实为其销售，执法人员对上述农药产品进行了抽样。2017年3月28日，农业执法人员将样品送盐城市产品质量监督检验所检验。2017年3月30日与4月18日，我委分别收到盐城市产品质量监督检验所的检验报告（№：F2017SH0203和№：F2017SH0312），检验结果显示：嗪草酮质量分数未检出，氟咯草酮质量分数未检出，扑草净质量分数为41.2%。根据国务院《农药管理条例》第三十一条第二款第二项之规定，判定该批农药为假农药。当事人的行为违反了国务院《农药管理条例》第三十一条第一款之规定，涉嫌经营假农药。

受案人签名：[redacted]
2017年4月19日</td></tr>
<tr><td colspan="2">执法机构意见</td><td colspan="4">建议立案查处
签名：刘[redacted]
2017年4月19日</td></tr>
<tr><td colspan="2">法制机构意见</td><td colspan="4">同意执法机构意见，请领导审批
签名：李[redacted]
2017年4月19日</td></tr>
<tr><td colspan="2">执法机关意见</td><td colspan="4">同意立案
签名：[redacted]
2017年4月19日</td></tr>
<tr><td colspan="2">备　　注</td><td colspan="4"></td></tr>
</table>

5

盐城市亭湖区[redacted]林业技术推广站[redacted]经营部
营业执照材料

说明：

上述营业执照材料由盐城市亭湖区[redacted]林业技术推广站[redacted]经营部负责人提供拍摄，经当事人单位负责人签名确认。

当事人签名：周[redacted] 2017.4.26

执法人员签名：[redacted]

证据制作时间：2017年4月26日

6

盐城市亭湖区[redacted]林业技术推广站[redacted]经营部
负责人身份信息材料

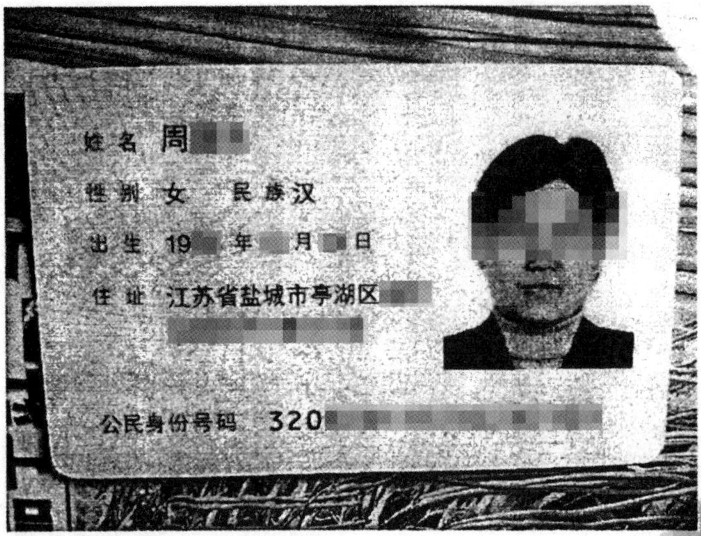

说明：

上述身份信息材料由盐城市亭湖区[redacted]林业技术推广站[redacted]经营部负责人提供拍摄，经当事人单位负责人签名确认。

当事人签名：周[redacted] 2017.4.26

执法人员签名：[redacted]

证据制作时间：2017 年 4 月 26 日

7

亭湖区黄尖镇[redacted]种植大户周[redacted]身份信息材料

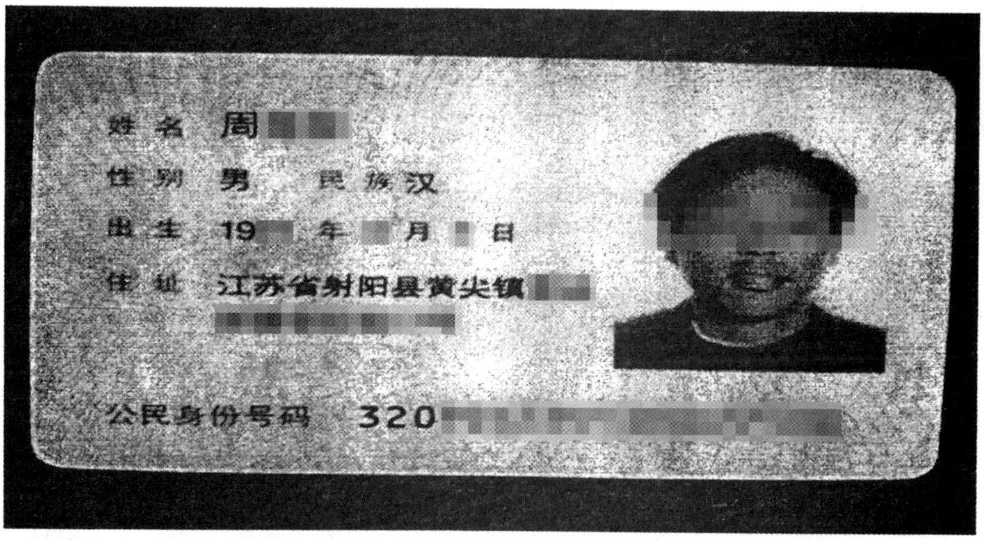

说明：

上述身份信息材料照片由种植大户周[redacted]提供并拍摄，经周[redacted]签名确认。

当事人签名：周[redacted] 3.23

执法人员签名：[redacted]

证据制作时间：2017年3月23日

8

询问笔录

询问时间：2017 年 3 月 23 日 10 时 36 分至 11 时 00 分

询问地点：盐城市亭湖区黄尖镇[redacted]周[redacted]家中

询问机关：盐城市亭湖区农业委员会

询问人：李[redacted] 执法证件号：JSZF09[redacted]

徐[redacted] 执法证件号：JSZF09[redacted]

记录人：徐[redacted]

被询问人：姓名 周[redacted] 性别 男 年龄 47 岁

身份证号 320[redacted] 联系电话 157[redacted]

工作单位

职务 种植大户

住址 盐城市亭湖区黄尖镇[redacted]

问：我们是 盐城市亭湖区农业委员会 执法人员（出示执法证件），现依法向你进行询问调查。你应当如实回答我们的询问并协助调查，作伪证要承担法律责任，你听清楚了吗？

答：听清楚了。

问：你是否申请要求对我们回避？

答：不需要回避。

被询问人签名或盖章：周[redacted] 3.23

执法人员签名或盖章：李[redacted] 徐[redacted] 2017.3.23

（第 1 页共 3 页）

9

笔 录 纸

问：周[redacted]，根据盐城市农委转来的江苏省农委农产品质量安全监管局“编号：2017003”《农产品质量安全预警信息》，反映今年2月14日在你户抽检的1份芹菜样品（抽样编号：Th0124,条码：8108395000186），经检测，检出限制在蔬菜上使用的农药毒死蜱，检测值为0.0783mg/Kg，样品判定为不合格。今天我们在调查时发现你购进的标注商标名称“[redacted]”、“黑龙江省阿城市[redacted]农化有限公司”生产的“70%氰咯草酮可湿性粉剂（登记证号PD20[redacted]，生产日期2016年3月8日）”农药产品，现就该农药产品有关问题向你了解情况，请你予以配合，如实反映情况。

问：你身份证号码是多少？

答：我身份证号码是320[redacted]。

问：上述农药你是何时从何处购买的？

答：是2017年3月3日从盐城市区[redacted]路[redacted]号[redacted]种业购买的。

问：共购买了多少数量，价格多少？

答：只卖了一袋，价格为10元/袋。

问：有无购货发票，如有请提供？

答：有，可以提供。

问：你有无情况需要补充的？

答：没有。

问：以上笔录请你逐页核阅，情况属实的话请你签名确认，你是否清楚？

被询问人签名或盖章：周[redacted] 3.23

执法人员签名或盖章：李[redacted] 王[redacted] 2017.3.23

（第2页共3页）

笔录纸

答：我清楚了，好的。

以上记录已看过，与我所述一致。

（以下空白）

被询问人签名或盖章：周[redacted] 3.23

执法人员签名或盖章：李[redacted] [redacted] 2017.3.23

（第3页共3页）

11

询问笔录

询问时间：2017 年 4 月 21 日 15 时 20 分至 16 时 37 分

询问地点：盐城市亭湖区[redacted]

询问机关：盐城市亭湖区农业委员会

询问人：李[redacted] 执法证件号：JSZF09[redacted]

徐[redacted] 执法证件号：JSZF09[redacted]

记录人：徐[redacted]

被询问人：姓名 周[redacted] 性别 女 年龄 44 岁

身份证号 320[redacted] 联系电话 130[redacted]

工作单位盐城市亭湖区[redacted]林业技术推广站[redacted]经营部

职务 负责人

住址 盐城市亭湖区[redacted]

问：我们是盐城市亭湖区农业委员会执法人员（出示执法证件），现依法向你进行询问调查。你应当如实回答我们的询问并协助调查，作伪证要承担法律责任，你听清楚了吗？

答：听清楚了。

问：你是否申请要求对我们回避？

答：不需要回避。

被询问人签名或盖章：周[redacted] 2017.4.21

执法人员签名或盖章：徐[redacted] 李[redacted] 2017.4.21

（第 1 页共 6 页）

12

笔 录 纸

问：你单位的全称是什么？

答：我单位的全称是“盐城市亭湖区[redacted]林业技术推广站[redacted]经营部”。

问：你单位与“盐城市[redacted]种业”是什么关系？

答：我单位与“盐城市[redacted]种业”是一家，执照名称是“盐城市亭湖区[redacted]林业技术推广站[redacted]经营部”，对外宣传叫“盐城市[redacted]种业”。

问：你单位的负责人或法定代表人是谁？

答：我单位的负责人是我本人。

问：你身份证号码是多少？

答：我身份证号码是：320[redacted]。

问：你单位的营业执照注册号是什么？

答：我单位统一社会信用代码为：913[redacted]。

问：你单位的经营场所位于何处？

答：我单位的经营场所位于盐城市亭湖区[redacted]。

问：根据盐城市农委转来的省农委农产品质量安全监管局“编号：2017003”《农产品质量安全预警信息》，2017年3月23日我们农业行政执法人员在亭湖区黄尖镇[redacted]周[redacted]农产品生产基地执法检查时发现该户从你单位购进的标注商标名称“[redacted]”、“黑龙江

被询问人签名或盖章：周[redacted] 2017.4.21

执法人员签名或盖章：陈[redacted] 李[redacted] 2017.4.21

（第2页共6页）

13

笔 录 纸

省阿城市[redacted]农化有限公司”生产的“70%氟咯草酮可湿性粉剂”农药产品。我们于 2017 年 3 月 27 日在你单位对上述农药产品进行了抽样，上述农药产品是从何处购进的？

答：是从淘宝网上看到并购进的。

问：你单位是何时购进上述农药产品的？

答：是 2017 年 2 月 25 日购进的。

问：你单位是否有上述农药产品的进货发票？

答：没有进货发票，是物流配送的。

问：你单位是否可以将上述农药产品物流配送的有关凭证提供给我们？

答：收货时有个物流托运单，但现在找不到了。

问：是生产厂家直接发货给你的吗？

答：不是，好像是淮安市的某家公司供货的。因为我单位以经营种子为主，农药经营的很少，上述农药产品也是不少种植大户提供的样品请我在网上查到的，也没考虑那么多。

问：淘宝网上是否能查到供货公司的相关信息？

答：最近我还专门上网查了一下，没有查到以前的任何信息，好像该公司已撤出了。

问：你单位是否有上述农药产品的农资经营档案？

答：有进货台账，进货台账是人工记得比较全。销售台账农药记得不全，购买者要时，就打印个销售单，不需要的也没有及时记录。

问：你单位是否可以提供上述农药产品的进货台账？

答：可以提供。

被询问人签名或盖章：周[redacted] 2017.4.21

执法人员签名或盖章：[redacted] [redacted] 2017.4.21

笔 录 纸

问：上述农药产品的通用名称是什么？

答：通用名称是“氟咯草酮”。

问：上述农药产品标签上标注的生产企业名称是什么？

答：生产企业名称是“黑龙江省阿城市[redacted]农化有限公司”。

问：上述农药产品的农药登记证号码是什么？

答：登记证号是 PD20[redacted]。

问：上述农药产品的生产日期是什么？

答：生产日期是 2016 年 3 月 8 日。

问：上述农药产品的包装规格是什么？

答：包装规格是 40 克/袋。

问：你单位共购进上述农药产品多少数量？

答：共购进 50 袋。

问：你单位上述农药产品已销售多少数量？

答：已全部销售完，刚才你们在我经营部也检查了都没看到。

问：你单位在何时销售完上述农药产品的？

答：在 3 月 27 日你们抽检时就已销售了 10 袋，抽检后至你们向我送达检验报告前除了你们抽样的 3 袋外，剩下的 37 袋也全部销售完。

问：3 月 27 日抽检前已销售的 10 袋与抽检时的 40 袋是否为同一批次的农药产品？

被询问人签名或盖章：周[redacted] 2017.4.21

执法人员签名或盖章：[redacted] [redacted] 2017.4.21

（第 4 页共 6 页）

15

笔 录 纸

答：是同一批次的。

问：上述农药产品购进价格是多少？

答：购进价是 8 元/袋。

问：上述农药产品销售价格是多少？

答：销售价格是 10 元/袋。

问：你单位共销售了上述农药产品多少数量？

答：共销售了 47 袋。

问：你单位销售了上述农药产品获得多少收入？

答：共获得销售收入 470 元。

问：2017 年 3 月 30 日与 4 月 18 日，我委分别收到盐城市产品质量监督检验所出具的“70%氟咯草酮可湿性粉剂”农药检验报告（报告编号№：F2017SH0203 和№：F2017SH0312），我们已于 2017 年 4 月 19 日向你送达了上述检验报告，请你查看具体检验结果，有无异议？

答：我已经收到你们送达的“70%氟咯草酮可湿性粉剂”农药检验报告（报告编号№：F2017SH0203 和№：F2017SH0312），我对检验结果没有异议。

问：4 月 19 日我委向你单位发出了责令整改通知书要求立即召回已销售的上述农药产品，你单位采取了什么措施，取得了什么效果？

答：我单位接通知后，因我单位主要经营种子，上述农药产品购进量较

被询问人签名或盖章：周[redacted] 2017.4.21

执法人员签名或盖章：[redacted] 2017.4.21

笔 录 纸

少，在销售时没有记录全销售台账，故与所有与我单位有经营往来的购买者进行了联系，目前已查清上述47袋农药产品的去向，据购买者反映已全部使用完，对农作物没有产生危害。

问：你有无情况需要补充的？

答：没有。

问：以上笔录请你逐页核阅，情况属实的话请你签名确认，你是否清楚？

答：我清楚了，好的。

以上记录已看过，与我所说一致。

（以下为空白）

被询问人签名或盖章：周[redacted] 2017.4.21

执法人员签名或盖章：[redacted] 李[redacted]

2017.4.21

（第6页共6页）

17

询问笔录

询问时间：2017 年 5 月 31 日 15 时 28 分至 16 时 09 分

询问地点：盐城市亭湖区黄尖镇[redacted]周[redacted]家中

询问机关：盐城市亭湖区农业委员会

询问人：李[redacted]　执法证件号：JSZF09[redacted]

徐[redacted]　执法证件号：JSZF09[redacted]

记录人：徐[redacted]

被询问人：姓名 周[redacted]　性别 男　年龄 47 岁

身 份 证 号 320[redacted]　联 系 电 话 157[redacted]

工作单位

职务 种植大户

住址 盐城市亭湖区黄尖镇[redacted]

问：我们是盐城市亭湖区农业委员会执法人员（出示执法证件），现依法向你进行询问调查。你应当如实回答我们的询问并协助调查，作伪证要承担法律责任，你听清楚了吗？

答：听清楚了。

问：你是否申请要求对我们回避？

答：不需要回避。

被询问人签名或盖章：[redacted] 5.31

执法人员签名或盖章：[redacted] [redacted]

（第 1 页共 3 页）2017.5.31

18

笔 录 纸

问：2017年3月23日，我们农业行政执法人员根据盐城市农委转来的江苏省农委农产品质量安全监管局“编号：2017003”《农产品质量安全预警信息》，在你种植基地执法检查时，发现你购自盐城市区[redacted]路[redacted]号[redacted]种业（即：盐城市亭湖区[redacted]林业技术推广站[redacted]经营部）的1袋标注商标名称“[redacted]”、“黑龙江省阿城市[redacted]农化有限公司”生产的“70%氟咯草酮可湿性粉剂（登记证号PD20[redacted]，生产日期2016年3月8日）”农药产品。该产品经抽样检测，结果为假农药，我委按照行政处罚程序已对盐城市亭湖区[redacted]林业技术推广站[redacted]经营部经营假农药进行了行政处罚。按照法律法规要求，对假农药需要进行没收处理，你购买的1袋上述农药产品是否还在？

答：早就用完了。

问：用完后对作物有没有影响？

答：没有任何影响，除草效果非常好。

问：你作为种植大户，应更加重视农产品质量安全，在购买农资时要向销售者索要发票、核对产品登记信息和质量保证书等，切实维护自己合法权益。在日常生产过程中，要严格执行国家有关禁限用农药的规定，规范记录生产经营档案。

答：好的，我知道了。

问：你有无情况需要补充的？

答：没有。

被询问人签名或盖章：[redacted] 5.31

执法人员签名或盖章：[redacted]

（第2页共3页） 2017.5.31

19

笔 录 纸

问：以上笔录请你逐页核阅，情况属实的话请你签名确认，你是否清楚？

答：我清楚了，好的。

以上记录已看过，情况属实。

（以下空白）

被询问人签名或盖章：[redacted] 5.31

执法人员签名或盖章：[redacted] [redacted]

2017.5.31　　2017.5.31

（第 3 页共 3 页）

20

现场检查笔录

时间：2017 年 4 月 21 日 14 时 46 分至 15 时 10 分

检查（勘验）地点：盐城市亭湖区[redacted]

当事人：盐城市亭湖区[redacted]林业技术推广站[redacted]经营部

检查（勘验）机关：盐城市亭湖区农业委员会

检查（勘验）人员：李[redacted] 执法证件号：JSZF09[redacted]

徐[redacted] 执法证件号：JSZF09[redacted]

记录人：徐[redacted]

现场检查情况：2017年4月21日下午14时46分，盐城市亭湖区农委执法人员李[redacted]、徐[redacted]二人来到检查场所，经向当事人出示执法证件并得到当事人确认后，依法与当事人一起对现场进行检查，具体情况如下：

检查场所位于盐城市亭湖区[redacted]盐城市亭湖区[redacted]林业技术推广站[redacted]经营部一楼，经营部大门上方横挂“盐城市[redacted]种业”门牌，经营部共一间坐西朝东。执法人员进入经营部大门，见到经营部内南、北靠墙处摆放有高高的货架；西侧墙上也装有几层简单的产品展示架，展示架内侧摆放有办公设施；经营部中间空地上也都堆放展示各类整箱的农资产品。各类农资整齐有序排放。执法人员由外向内逐块细

当事人签名或盖章：周[redacted] 2017.4.21（见证人签名或盖章：　　　　）

执法人员签名或盖章：王[redacted] 李[redacted] 2017.4.21

（第 1 页共 2 页）

21

笔 录 纸

致检查，都未看到标注商标名称“[redacted]”、“黑龙江省阿城市[redacted]农化有限公司”生产的“70%氟咯草酮可湿性粉剂”农药产品。检查过程中当事人积极配合，执法人员现场拍摄了经营场所等相关照片。

（以下为空白）

当事人签名或盖章：[redacted] 2017.4.21（见证人签名或盖章：　　　　）

执法人员签名或盖章：[redacted] [redacted] 2017.4.21

（第 2 页共 2 页）

22

江苏省农业委员会

编号：2017003

农产品质量安全预警信息

盐城市农业委员会：

根据《省农委关于开展2017年省级农产品质量安全风险监测（例行监测和专项监测）工作的通知》（苏农质〔2017〕2号）精神，今年2月14日抽自你市亭湖区黄尖镇周[redacted]（种植大户）的1份芹菜样品（抽样编号：Th0124，条码：8108395000186），检出限制在蔬菜上使用的农药毒死蜱，检测值为0.0783mg/kg，样品判定为不合格。

现将不合格样品信息转告你们，请你们立即组织赴该基地进行认真排查，分析超标原因，并及时跟进开展监督抽查，依法加大对各类违法违规行为的打击力度，确保农产品质量安全。有关排查和监督抽查情况请及时反馈我局。

附件：抽样单、检验报告（WC17020345）

联系电话：025-862[redacted]，862[redacted]（传真）。

江苏省农委农产品质量安全监管局

2017年3月15日

23

农资产品抽样单

抽样编号：亭农(农药)〔2017〕001 号

产品名称	氟咯草酮			注册商标	[redacted]
批准文号 (登记、许可证号)	HNP2300[redacted]			生产批号	20160308
生产日期	2016-03-08			产品执行标　　准	Q/AHN01-2006
生产企业	黑龙江省阿城市[redacted]农化有限公司			保　质　期	二年
规　　格	40 克/袋	产品等级		产品包装	铝塑袋
抽样数量	3 袋	样本基数	40 袋	抽样方式	随机
抽样依据	执法检查			抽样日期	2017-03-27
抽样情况补充说明	共购进该农药产品 50 袋，已销售同批次农药产品 10 袋。				
被抽样单位情况					
单位名称	盐城市亭湖区[redacted]林业技术推广服务站[redacted]服务部			联系电话	130[redacted]
地　　址	亭湖区[redacted]			邮　　编	22[redacted]
本次抽样始终在本人陪同下完成，程序合法，上述记录经核无误。 被抽单位代表签名：[redacted] 被抽单位盖章： 2017 年 3 月 27 日				抽样人员签名：[redacted] 抽样单位盖章： 2017 年 3 月 27 日	

此单一式三份，抽样单位、被抽样单位、检测单位各存一份

24

20141002067

2014苏质监验字206号

检 验 报 告

Inspection Report

№:F2017SH0203

样 品 名 称: 70%氟咯草酮可湿性粉剂
Name of Sample:

委 托 方: 盐城市亭湖区农业委员会
Client:

检 验 类 别: 委托送样
Inspection Classification:

盐城市产品质量监督检验所

YanCheng Institute of Supervision & Inspection on Product Quality

25

盐城市产品质量监督检验所

YanCheng Institute of Supervision & Inspection on Product Quality

检　验　报　告

Inspection Report

№：F2017SH0203

样品名称 Name of Sample	70%氟咯草酮可湿性粉剂	规格型号 Type	40g/袋
样品等级 Product Grade	——	生产日期\批号 Production Date	20160308\——
检验类别 Inspection Classification	委托送样	标称商标 Nominal trademark	[redacted]
委托方 Client　名称 Name	盐城市亭湖区农业委员会	联系人 Contact Person	徐[redacted]
委托方 Client　地址 Address	盐城市青年东路55号亭湖区政府行政中心547室	联系电话 Tel	898[redacted]\138[redacted]
标称生产单位 production unit	黑龙江省阿城市[redacted]农化有限公司	样品数量 Sample Quantity	1袋
到样日期 Date of Receip	2017-03-28	样品状态 Sample Condition	符合检验要求
检测地点 Place of test	盐城市质检所·盐城高新技术产业区[redacted]	检测日期 Test Period	2017-3-29
检验依据 Inspection Reference	GB/T 16631-2008《高效液相色谱法通则》		
检验结论 Inspection Conclusion	根据委托方要求，依据GB/T 16631-2008标准对样品进行检测，检测结果见下页。 (检验单位盖章) 签发日期 Date of issue: 2017年3月30日		
备　注 Note	本次检验仅对来样负责。		

批准：Approved by [redacted]　　审核：Checked by [redacted]　　主检：Tested by [redacted]

26

检 验 结 果

Inspection Results

№：F2017SH0203

序号 NO.	检 验 项 目 Inspection Item	单位 Unit	检 验 结 果 Inspection result	备 注 Note
1	嗪草酮质量分数/%	——	未检出（检出限：0.1mg/kg）	——

27

声 明 事 项

1、报告结论栏无本检验机构检验报告专用章、报告无骑缝章无效。部分复制或复制报告未重新加盖本检验机构检验报告专用章无效。

2、报告无主检(编制)、审核、批准人签字无效。报告涂改无效。

3、本检验机构对检验结果的准确性负责;委托方、受检单位对所提供的样品及其相关信息的真实性负责;未经本检验机构同意,不得擅自使用检验结果进行不当宣传。

4、委托送样检验的检验结果仅对来样负责,不代表样品所属批次产品的质量。

5、对检验报告若有异议，请于收到报告之日起15日内向本机构、本机构的上级主管部门或下达检验任务的行政部门提出,逾期不予受理。

6、本报告仅提供给任务下达部门、受检单位或委托方及其指定的单位或个人，本检验机构不承担其他方应用本报告所产生的责任。但在检验中发现带有区域性、普遍性以及危及人身和财产安全的重大产品质量问题信息时，本检验机构有义务按国家相关规定向行政职能部门报告。

地　　址:盐城高新技术产业区[redacted]　　邮政编码:22[redacted]

传　　真:(0515)884[redacted]

电　　话:(0515)884[redacted]

28

MA

2014100206Z

2014苏质监验字206号

检 验 报 告

Inspection Report

№:F2017SH0312

样 品 名 称：70%氟咯草酮可湿性粉剂
Name of Sample:

委 托 方：盐城市亭湖区农业委员会
Client:

检 验 类 别：委托送样
Inspection Classification:

盐城市产品质量监督检验所

YanCheng Institute of Supervision & Inspection on Product Quality

29

盐城市产品质量监督检验所

YanCheng Institute of Supervision & Inspection on Product Quality

检　验　报　告

Inspection Report

№：F2017SH0312　　　　共 2 页 第 1 页 Page 1 of total 2 pages

样品名称 Name of Sample		70%氟咯草酮可湿性粉剂	规格型号 Type	40g/袋
样品等级 Product Grade		——	生产日期\批号 Production Date	20160308\——
检验类别 Inspection Classification		委托送样	标称商标 Nominal trademark	——
委托方 Client	名称 Name	盐城市亭湖区农业委员会	联系人 Contact Person	徐
	地址 Address	盐城市青年东路55号亭湖区政府行政中心547室	联系电话 Tel	138
标称生产单位 production unit		黑龙江省阿城市　农化有限公司	样品数量 Sample Quantity	1袋
到样日期 Date of Receip		2017-04-12	样品状态 Sample Condition	符合检验要求
检测地点 Place of test		盐城市质检所·盐城高新技术产业区	检测日期 Test Period	2017-4-12
检验依据 Inspection Reference		GB/T 16631-2008《高效液相色谱法通则》		
检验结论 Inspection Conclusion		根据委托方要求，依据GB/T 16631-2008标准对样品进行检测，检测结果见下页。 检验单位盖章 签发日期 Date of Issue：2017年4月18日		
备　注 Note		本次检验仅对来样负责。		

批准：Approved by　　　审核：Checked by　　　主检：Tested by

30

检　验　结　果

Inspection Results

№： F2017SH0312

序号 NO.	检　验　项　目 Inspection Item	单位 Unit	检　验　结　果 Inspection result	备 注 Note
1	氟咯草酮质量分数/%	——	未检出 (检出限：0.1mg/kg)	——
2	扑草净质量分数/%	——	41.2	——

监督检验专用章

31

声 明 事 项

1、报告结论栏无本检验机构检验报告专用章、报告无骑缝章无效。部分复制或复制报告未重新加盖本检验机构检验报告专用章无效。

2、报告无主检(编制)、审核、批准人签字无效。报告涂改无效。

3、本检验机构对检验结果的准确性负责;委托方、受检单位对所提供的样品及其相关信息的真实性负责;未经本检验机构同意,不得擅自使用检验结果进行不当宣传。

4、委托送样检验的检验结果仅对来样负责,不代表样品所属批次产品的质量。

5、对检验报告若有异议,请于收到报告之日起15日内向本机构、本机构的上级主管部门或下达检验任务的行政部门提出,逾期不予受理。

6、本报告仅提供给任务下达部门、受检单位或委托方及其指定的单位或个人,本检验机构不承担其他方应用本报告所产生的责任。但在检验中发现带有区域性、普遍性以及危及人身和财产安全的重大产品质量问题信息时,本检验机构有义务按国家相关规定向行政职能部门报告。

地　　址:盐城高新技术产业区　　邮政编码:22

传　　真:(0515)884

电　　话:(0515)884

32

盐城市亭湖区农业委员会

检验结果通知书

亭农（检通）字[2017]1号

盐城市亭湖区[redacted]林业技术推广站[redacted]经营部：

2017年3月27日，盐城市亭湖区农委执法人员在你单位抽取了标称商标名称“[redacted]”、“黑龙江省阿城市[redacted]农化有限公司”生产的“70%氟咯草酮可湿性粉剂”农药样品3份，该农药产品登记证号为PD20[redacted]，批准证号为HNP23001-C2252，标准证号为：Q/AHN01-2006，生产日期2016年3月8日，包装规格为40克/袋。2017年3月28日，农业执法人员将样品送盐城市产品质量监督检验所检验。2017年3月30日与4月18日，我委分别收到盐城市产品质量监督检验所的检验报告（№：F2017SH0203和№：F2017SH0312），检验结果显示：嗪草酮质量分数未检出，氟咯草酮质量分数未检出，扑草净质量分数为41.2%。

现将上述检验结果告知于你，如对此检验结果有异议，请于收到本通知书后15日内，向盐城市亭湖区农业委员会提出书面复检申请，申请书应注明理由并加盖私章。逾期未提出，视为无异议。

附：检验报告2份

联系人：李[redacted] 徐[redacted]

联系电话：0515—898[redacted] 666[redacted]

地址：盐城市[redacted]

邮编：22[redacted]

盐城市亭湖区农业委员会

2017年4月19日

当事人签名或盖章：对此检验结果无异议.

周[redacted]

2017.4.19

33

责令改正通知书

盐城市亭湖区[redacted]林业技术推广站[redacted]经营部：

你单位经营的标注商标名称“[redacted]”、“黑龙江省阿城市[redacted]农化有限公司”生产的“70%氟咯草酮可湿性粉剂”（登记证号PD20[redacted]，生产日期2016年3月8日，规格40克/袋）”农药产品，经盐城市产品质量监督检验所检验结果为：嗪草酮质量分数未检出，氟咯草酮质量分数未检出，扑草净质量分数为41.2%。你单位涉嫌经营假农药，本机关责令你单位立即按下列要求改正违法行为：

1、停止经营标注商标名称“[redacted]”、“黑龙江省阿城市[redacted]农化有限公司”生产的“70%氟咯草酮可湿性粉剂”（登记证号PD20[redacted]，生产日期2016年3月8日，规格40克/袋）”农药产品。

2、查清已售上述农药产品去向，并立即召回。

盐城市亭湖区农业委员会

2017年4月19日

34

产品确认通知书

黑龙江省阿城市农化有限公司：

本机关2017年3月23日在盐城市亭湖区黄尖镇周家中发现标称为你单位生产的产品，基本情况如下：

产品名称	70%氟咯草酮	/	/
商　　标		/	/
生产单位	黑龙江省阿城市农化有限公司	/	/
许 可 号	PD20	/	/
生产日期（批号）	2016/03/08	/	/
规　　格	40克/袋	/	/

请你单位于2017年4月14日前确认上述产品是否为你单位生产。若非你单位生产，请书面说明理由并提供相关证明材料。逾期未回复的，视上述产品为你单位生产。

联系地址：江苏省盐城市

邮政编码：22

联系人：　徐　李

联系电话：　0515—898

盐城市亭湖区农业委员会

2017年3月28日

35

“70%氟咯草酮可湿性粉剂”农药《产品确认通知书》邮寄照片

说明：

上述“70%氟咯草酮可湿性粉剂”农药《产品确认通知书》由执法人员邮寄黑龙江省阿城市[illegible]农化有限公司。

执法人员签名：

证据制作时间：2017年4月21日

36

物流信息

快递单号查询 搜一下

为您推荐：快递查询 物流查询 快递 物流 快递查询单号查询 快递单号

菜鸟裹裹 查快递，寄快递，上菜鸟裹裹

快递查询 物流查询 国际货运

公司名称 EMS

快递单号 1086 查询

最新

2017-03-31 13:31:00
投递并签收，签收人：本人收

2017-03-31 10:18:36
阿城市杨树邮政支局安排投递（投递员姓名：付 ;联系电话：）

2017-03-31 08:48:00
离开阿城市 发往阿城市杨树邮政支局

2017-03-29 17:24:31
离开哈尔滨市 发往下一城市

2017-03-29 12:35:00

申通 顺丰 圆通 韵达 中通

该物流信息由执法人员从网上查询并下载。

执法人员签名：________　　　下载时间：2017 年 3 月 31 日

37

哈尔滨[redacted]生物农化有限公司对“70%氟咯草酮可湿性粉剂”农药产品情况说明回寄单

申通快递 express
95543
www.sto.cn
4001 0172
寄件人信息 Sender's information
寄件人姓名
单位名称
始发地 阿城
寄件地址 省 市 县/区 乡/镇
电话/手机
签收短信通知
收件人信息 Receiver's information
收件人姓名
目的地
单位名称
收件地址 省 市
电话/手机
物品信息 Package information
文件 物品
费用 Charge
保价 对非保价快件价值的赔偿
付费方式 寄方付 收方付
资费方式 现金 协议结算
费用总计
寄件人签名 Sender's Signature
揽件员签名 Received by
收件人签名 Receiver's Signature
4001 0172

说明：

哈尔滨[redacted]生物农化有限公司对“70%氟咯草酮可湿性粉剂”《产品确认通知书》的回复证明邮件。

执法人员签名：[redacted] 李[redacted]

证据制作时间：2017 年 4 月 21 日

38

关于我单位并非生产‘氟咯草酮’产品情况的说明

盐城市亭湖区农业委员会：

现已接到贵局邮寄函，经确认，此产品非我公司生产产品，具体说明如下：

1. 单位名称不符：我公司早已于 2009 年 7 月 2 日经工商部门批准正式更名为‘哈尔滨[redacted]生物农化有限公司’，详见工商《证明》。该产品用的是《黑龙江省阿城市[redacted]农化有限公司》名称，现已不存在；且生产日期是 2016 年 3 月 8 日，实属不符。
2. 我公司从没有该产品的登记及生产批准，也从未生产过此产品。可详查《农药登记汇编》及《生产批准文件汇编》。
3. 根据贵局提供的印件，70%氟咯草酮是假冒我单位的玉米大豆田苗前封闭除草剂 70%嗪草酮可湿性粉剂的登记证号，详见中国农药信息网可以查询到。

综上，该产品是假冒产品，也绝非我公司生产。根据《中华人民共和国农药管理条例》规定，此产品是假冒伪略产品，建议移交公安部门处理，我单位定积极配合，且不放弃追究假冒我单位及给我单位所造成影响的权利，望追查后继续给予答复。为盼。

特此说明

哈尔滨[redacted]生物农化有限公司

2017 年 3 月 31 日

39

农 药 登 记 证

CERTIFICATE FOR PESTICIDE REGISTRATION

农药正式登记证号 PD20
Registration certificate No.

有效期 2014年05月11日 至 2019年05月11日
Valid from to

申请单位（生产厂）名称 哈尔滨 生物农化有限公司
Name of applicant (manufacturer)

下列农药准予正式登记，特发此证

The following pesticide is hereby granted the certificate for full registration.

40

中华人民共和国农业部
MINISTRY OF AGRICULTURE,
PEOPLE'S REPUBLIC OF CHINA

农药名称 Trade name 嗪草酮

有效成分 active ingredient	含量 Content
嗪草酮/metribuzin	70%

总含量 Total Content 70%　剂型 Type of formulation 可湿性粉剂

农药种类 Type of pesticide 除草剂　毒性 Toxicity 低毒

使用范围及施用方法(Scope and method of application)

作物 Crops	防治对象 Pests	用药量（有效成分克/公顷）Rates (a.i.g/ha)	施用方法 Methods of application
春大豆田	一年生阔叶杂草	525-735克/公顷	土壤喷雾

日期 Date 2014年2月12日

盐城市亭湖区农业委员会

提供证据通知书

盐城市亭湖区[redacted]林业技术推广站[redacted]经营部：

根据农业部《农业行政处罚程序规定》第 29 条规定，你单位因涉嫌经营“70%氟咯草酮可湿性粉剂”假农药，本机关已进行立案调查。请你单位于 2017 年 5 月 3 日前向本委提供下列证明材料。

1、上述农药产品的登记证和标签审核的相关材料；

2、上述农药产品的进货发票；

3、你单位的营业执照原件和你单位负责人身份证原件。

你单位应及时将上述材料报送本机关。按照《最高人民法院关于行政诉讼证据的若干规定》第 59 条规定，“被告在行政程序中依照法定程序要求原告提供证据，原告依法应当提供而拒不提供，在行政诉讼程序中提供的证据人民法院一般不予采纳”。逾期没有向本委提供相关证据材料的，本委将视作你单位没有取得相应手续。

上述材料中，如提供复印（制）件或图片资料的，请携带原件以备查验。

联系人：李[redacted]　徐[redacted]　　电话：0515—898[redacted]

盐城市亭湖区农业委员会

2016 年 4 月 24 日

41

盐城市亭湖区[redacted]林业技术推广站[redacted]经营部（挂“盐城市[redacted]种业”广告牌）经营场所照片

说明：

上述照片材料由执法人员在当事人经营场所检查时拍摄，经当事人单位负责人签名确认。

当事人签名：[redacted] 2017.4.21

执法人员签名：[redacted]

证据制作时间：2017 年 4 月 21 日

42

亭湖区黄尖镇[redacted]种植大户周[redacted]购进的“70%氟咯草酮可湿性粉剂”农药包装物材料

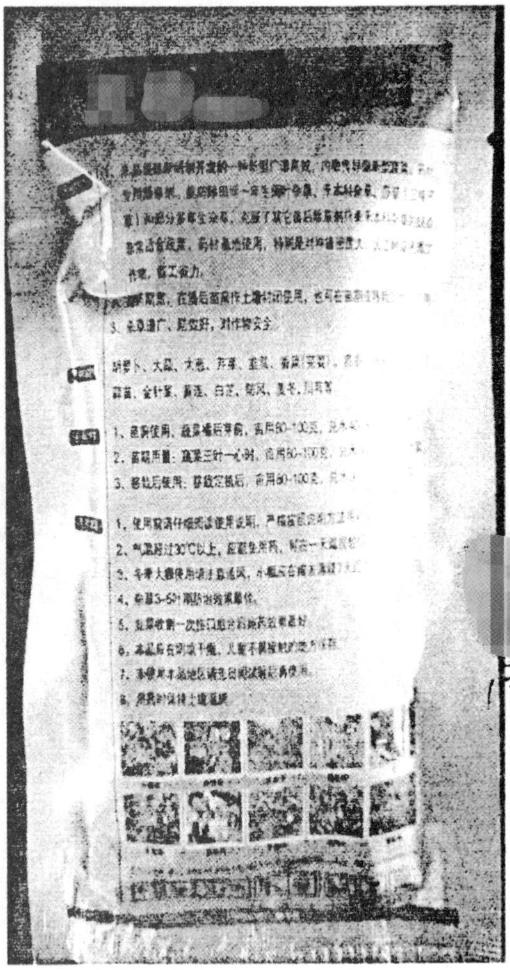

周[redacted]

说明：

上述包装材料照片由执法人员于2017年3月23日在种植大户周[redacted]家中发现并拍摄，经周[redacted]签名确认。

当事人签名：周[redacted] 3.23

执法人员签名：刘[redacted] 徐[redacted] 李[redacted]

证据制作时间：2017年3月23日

43

盐城市亭湖区[redacted]林业技术推广站[redacted]经营部

经营的“70%氟咯草酮可湿性粉剂”农药包装物材料

说明：

上述包装材料照片由执法人员于2017年3月27日在当事人经营场所抽样时拍摄，现经当事人单位负责人签名确认。

当事人签名：周[redacted] 2017.4.21

执法人员签名：[redacted]

证据制作时间：2017年4月21日

44

盐城市亭湖区[redacted]林业技术推广站[redacted]经营部经营的“70%氟咯草酮可湿性粉剂”农药包装物材料

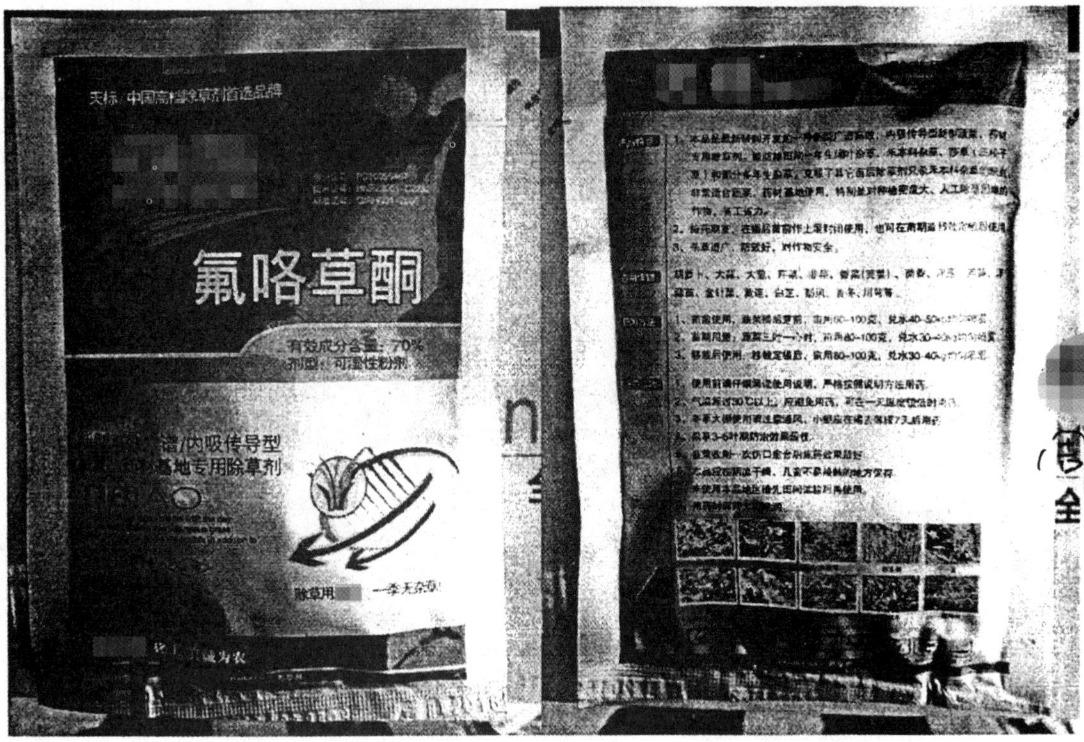

说明：

上述包装材料照片由执法人员于2017年3月27日在当事人经营场所抽样时拍摄，现经当事人单位负责人签名确认。

当事人签名：周[redacted] 2017.4.21

执法人员签名：[redacted] 李[redacted]

证据制作时间：2017年4月21日

45

盐城市亭湖区[redacted]林业技术推广站[redacted]经营部
农资经营档案进货台账照片

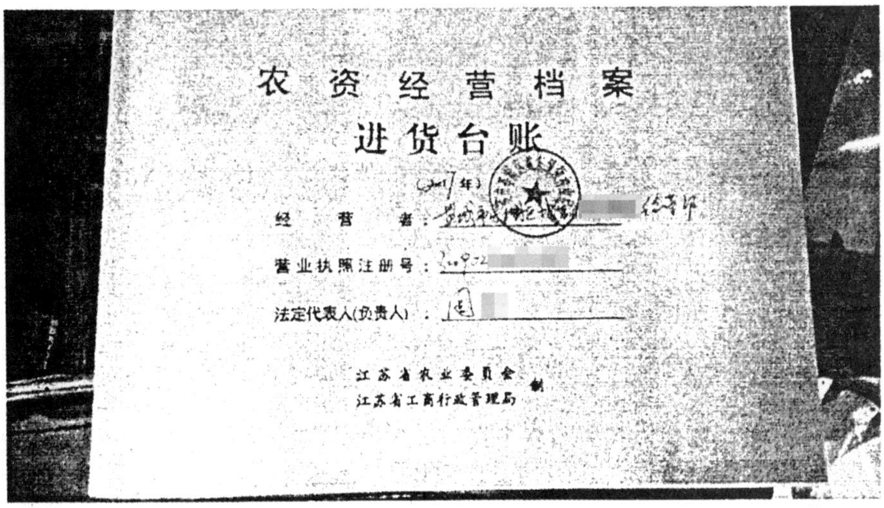

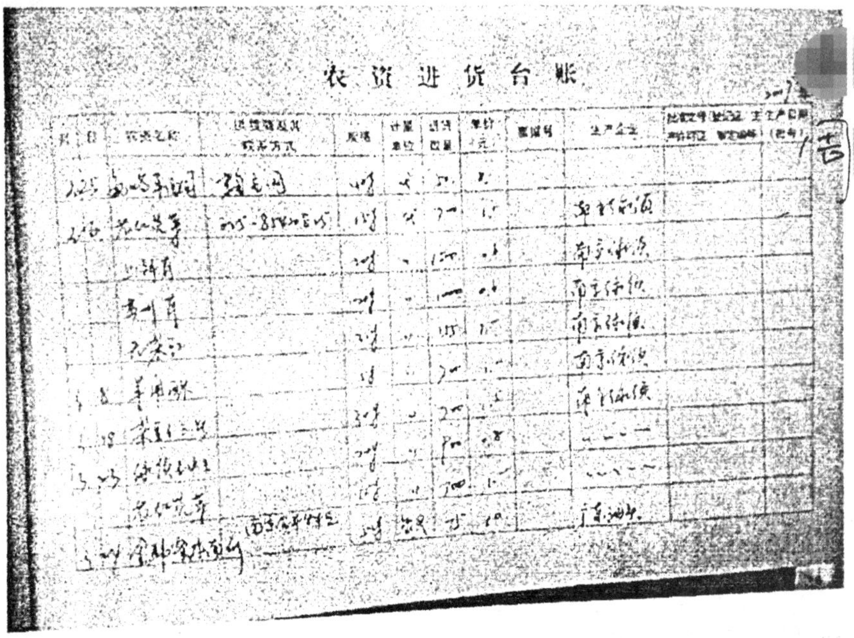

说明：

上述农资进货台账资料照片由盐城市亭湖区[redacted]林业技术推广站[redacted]经营部负责人提供拍摄，经当事人单位负责人签名确认。

当事人签名：[redacted] 2017.4.21

执法人员签名：[redacted]

证据制作时间：2017 年 4 月 21 日

46

亭湖区黄尖镇[redacted]种植大户周[redacted]购进的“70%氟咯草酮可湿性粉剂”农药购货销售单

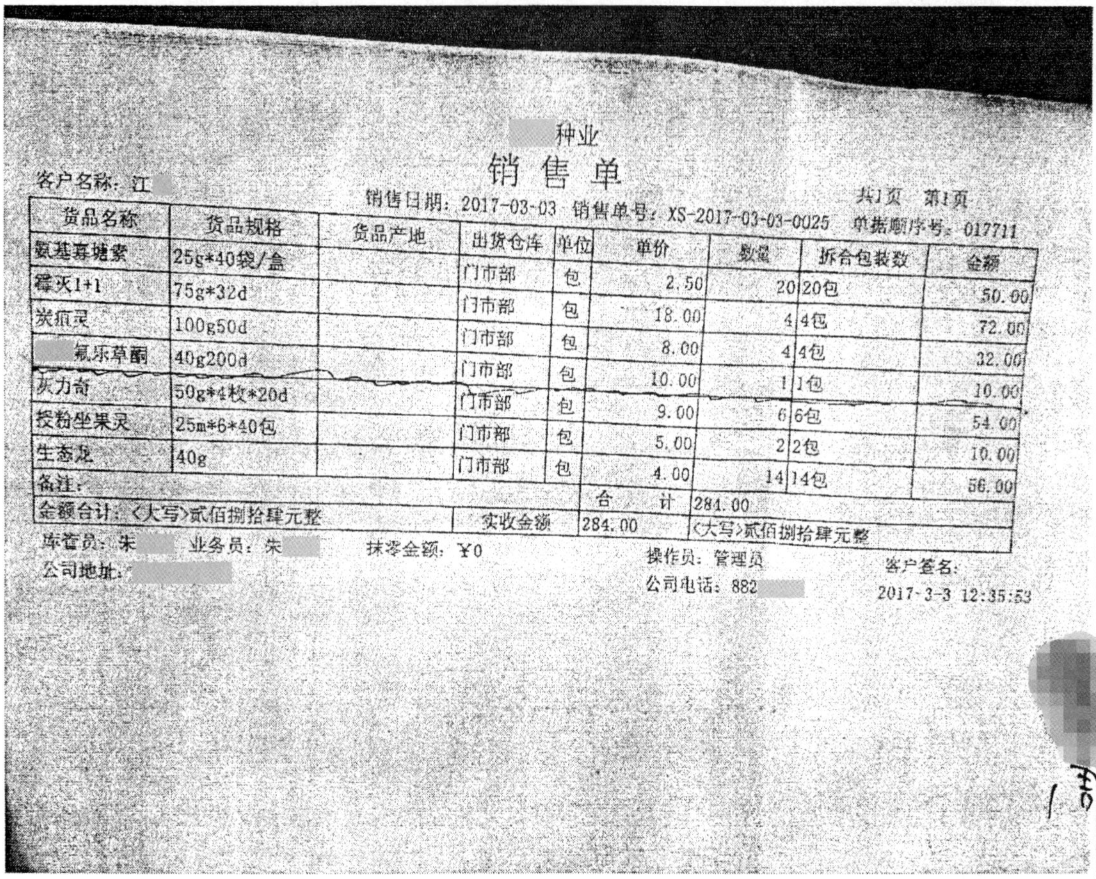

[redacted]种业

销 售 单

客户名称：江[redacted]

销售日期：2017-03-03 销售单号：XS-2017-03-03-0025 共1页 第1页 单据顺序号：017711

货品名称	货品规格	货品产地	出货仓库	单位	单价	数量	拆合包装数	金额
氨基寡糖素	25g*40袋/盒		门市部	包	2.50	20	20包	50.00
霉灭1+1	75g*32d		门市部	包	18.00	4	4包	72.00
炭疽灵	100g50d		门市部	包	8.00	4	4包	32.00
[redacted]氟乐草酮	40g200d		门市部	包	10.00	1	1包	10.00
灭力奇	50g*4枚*20d		门市部	包	9.00	6	6包	54.00
授粉坐果灵	25m*6*40包		门市部	包	5.00	2	2包	10.00
生态龙	40g		门市部	包	4.00	14	14包	56.00
备注：					合计	281.00		
金额合计：<大写>贰佰捌拾肆元整			实收金额		284.00	<大写>贰佰捌拾肆元整		

库管员：朱[redacted] 业务员：朱[redacted] 抹零金额：¥0 操作员：管理员 客户签名：

公司地址：[redacted] 公司电话：882[redacted] 2017-3-3 12:35:53

说明：

上述购货销售单照片由种植大户周[redacted]提供并拍摄，经周[redacted]签名确认。 周[redacted] 3.23

当事人签名：

执法人员签名：

证据制作时间： 2017 年 3 月 23 日

47

农药标签

农药登记证号:PD20[redacted]
农药生产许可证（或生产批准文件）号:
产品标准号:

嗪草酮
有效成分含量:70%
剂型:可湿性粉剂

低毒

使用技术和使用方法:

作物(或范围)	防治对象	制剂用药量	使用方法
春大豆田	一年生阔叶杂草	50-70克/亩	土壤喷雾

注:(1)公顷用制剂量=亩用制剂量×15
(2)总有效成分量浓度值(毫克/千克)=(制剂含量×1000000)÷制剂稀释倍数)
本药剂每亩用药量兑水30-40公斤，播后苗前土壤喷雾

生产企业名称:哈尔滨[redacted]生物农化有限公司
地址:黑龙江省哈尔滨市阿城区[redacted] 邮编:15[redacted]
电话:0451-538[redacted] 传真:0451-538[redacted] 网址:httP://www.[redacted]nonghua.com

产品性能(用途):
本品是大豆田播后苗前土壤剂，可有效防除春大豆田一年生阔叶杂草，本品主要通过抑制敏感植物的光合作用发挥杀草活性。

注意事项:
1、每季在作物最多使用1次。 2.砂质土壤、有机质含量在2%以下不能使用。 3.要在大豆子叶萌发前使用，以避免药害。在雨量少的地区使用较高剂量。在PH值7.5以上的碱性土壤、降雨多、气温高的地区要适当减少用药量。 4.大豆播种深度至少3.5-4厘米，播种过浅也易发生药害。 5.开启包装物应用剪子或刀片划开,不能用手用力挤压。以免封口开裂,药剂喷出。接触药液应戴手套,防护镜,穿工作服等,施药时勿饮食,吸烟等；施药后洗干净手脸等。 6.清洗器具的废水不能排入河流、池塘等水源。使用后的包装应该妥善处理，不能随意丢弃，也不可他用。 7.避免孕妇及哺乳期的妇女接触本品。

中毒急救:
对眼睛、皮肤、呼吸道有中度刺激作用。药液入眼睛中立即用清水冲洗至少15分钟，仍有不适时，就医。接触皮肤，要立即用清水冲洗干净。误服，立即带标签送医院，请医生对症治疗。无特效解毒剂。

储存和运输:
本品应放置阴凉干燥通风处。远离火源、热源及儿童存放，并加锁；避免与食物、医药、兽药、种子等混放、混运。

其他说明:
含量：500克 生产日期及批号：见喷码 有效期：二年

净含量（重量）： 毫升（克） 生产日期：年 月 日 批号：有效期：2年

除草剂

该标签由执法人员从“中国农药信息网”网站下载。

执法人员签名：[redacted]　　　　下载时间：2017年3月24日

28

盐城市亭湖区农业行政执法大队

案 件 讨 论 记 录

讨论内容：盐城市亭湖区[redacted]林业技术推广站[redacted]经营部经营假农药案

讨论时间：2017 年 5 月 11 日 9 时 05 分至 10 时 12 分

讨论地点：亭湖区农业委员会 401 会议室

主 持 人：刘[redacted]

记 录 人：徐[redacted]

参加人员姓名及职务：谢[redacted]（副主任）

李[redacted]（法规科长）

刘[redacted]（大队长）

于[redacted]（办事员）

列席人员姓名及职务：李[redacted] 徐[redacted]（案件承办人员）

讨论记录：

刘[redacted]：今天我们讨论一下盐城市亭湖区[redacted]林业技术推站[redacted]经营部经营假农药案，下面请案件承办人李[redacted]介绍案情。

李[redacted]：我介绍一下本案的基本情况。

简要案情：根据盐城市农委转来的省农委农产品质量安全监管局“编号：2017003”《农产品质量安全预警信息》，2017 年 3 月 23 日刘[redacted]大队长、徐[redacted]和我在亭湖区黄尖镇[redacted]周[redacted]农产品生产基地执法检查时发现该户从市区[redacted]号[redacted]种业(即：盐城市亭湖区[redacted]林业技术推广站[redacted]经营部）

49

购进的标注商标名称“[redacted]”、“黑龙江省阿城市[redacted]农化有限公司”生产的“70%氟咯草酮可湿性粉剂”（登记证号 PD20[redacted]，生产日期 2016 年 3 月 8 日）”农药产品，经与农业部核准的该农药标签内容对照，上述登记证号登记的农药产品通用名称为“嗪草酮”，且生产企业名称为“哈尔滨[redacted]生物农化有限公司”。我们当场提取了相关材料，并对周[redacted]制作了《询问笔录》。

2017 年 3 月 27 日，我与徐[redacted]同志在盐城市亭湖区[redacted]林业技术推广站[redacted]经营部得到该经营部负责人周[redacted]的确认，上述“70%氟咯草酮可湿性粉剂”农药产品确实为其购进并销售，我们对上述农药产品进行了抽样，于 2017 年 3 月 28 日将样品送盐城市产品质量监督检验所检验，同时向上述农药产品标签标注的生产企业“黑龙江省阿城市[redacted]农化有限公司”邮寄了《产品确认通知书》，并于 2017 年 4 月 5 日收到了“哈尔滨[redacted]生物农化有限公司”回寄的《关于我单位并非生产“氟咯草酮”产品情况的说明》，据《说明》显示“黑龙江省阿城市[redacted]农化有限公司”早就更名为“哈尔滨[redacted]生物农化有限公司”，上述“氟咯草酮”产品是假冒该公司“70%嗪草酮”可湿性粉剂”登记证号。2017 年 3 月 30 日与 4 月 18 日，我委分别收到盐城市产品质量监督检验所的检验报告（报告编号№：F2017SH0203 和№：F2017SH0312），检验结果显示：嗪草酮质量分数未检出，氟咯草酮质量分数未检出，扑草净质量分数为 41.2%。2017 年 4 月 19 日，我们向当事人送达了《盐城市亭湖区农业委员会检验结果通知书》（亭农检通字[2017]1 号），当事人对检验结果未提出异议。根据国务院《农药管理条例》第三十一条第二款第二项之规定，判定该批农药为假农药。当事人行为涉嫌违反了国务院《农药管理条例》第三十一条第一款之规定，经请示委领导同意于 2017 年 4 月 19 日对其立案调查。2017 年 4 月 21 日，我和徐[redacted]同志来到位于盐城市亭湖区[redacted]的盐城市亭湖区[redacted]林业技术推广站[redacted]经营部，当场制作了《现场检查笔录》，提取了相关材料，并对盐城市亭湖区[redacted]林业技术推广站[redacted]经营部负责人周[redacted]制作了《询问笔录》。

相关证据：证据一：对当事人的询问笔录 1 份、对证人的询问笔录 1 份、现场检查笔录 1 份，农资产品抽样单 1 份，证明当事人经营该批农药的事实；证据二：现场检查照片 9 张、农药标签审核查询结果 1 份、产品确认通知书 1 份，《关于我单位并非生产“氟咯草酮”产品情况的说明》1 份，农药登记证 1 份，农药检验报告 2 份、检验结果通知书 1 份、提供证据通知书 1 份，证明该批农药为假农药的事实；证据三：当事人营业执照照片 1 张、当事人身份证照片 2 张，证明了当事人的基本信息；证人身份证照片 2 张，证明证人的基本信息。

处理建议：当事人于 2017 年 2 月 25 日在淘宝网上订购物流托运购进标注由“黑龙江省阿城市[redacted]农化有

限公司”生产的“70%氟咯草酮可湿性粉剂”农药产品50袋，包装规格为40克/袋，购进价格为8元/袋，销售价格为10元/袋，截止2017年4月19日，该批农药除抽样3袋（1袋送检、1袋执法机关保存、1袋当事人留存）外，其余47袋已全部销售完，获得销售收入为470元。当事人经营的该批农药，经检验，嗪草酮质量分数未检出，氟咯草酮质量分数未检出，扑草净质量分数为41.2%。当事人对上述的检验结果未提出异议，根据国务院《农药管理条例》第三十一条第二款“下列农药为假农药：（二）所含有效成份的种类、名称与产品标签或者说明书上注明的农药有效成份的种类、名称不符的。”之规定，判定当事人经营的该批农药为假农药，其行为已经构成经营假农药的违法事实。

根据国务院《农药管理条例》第三十一条第一款“禁止生产、经营和使用假农药。”规定，依据农业部《农药管理条例实施办法》第三十八条第一项“生产、经营假农药的，劣质农药有效成分总含量低于产品质量标准30%(含30%)或者混有导致药害等有害成分的，没收假农药、劣质农药和违法所得，并处违法所得5倍以上10倍以下的罚款；没有违法所得的，并处10万元以下的罚款。”之规定，并结合《盐城市亭湖区农业委员会行政处罚自由裁量标准》“生产经营假农药，情节轻微有违法所得的，没收非法财物和违法所得，并处违法所得5-6倍罚款”，我们建议对当事人处罚如下：1、没收抽样保存和留存的假农药“70%氟咯草酮可湿性粉剂”2

52

袋；2、没收违法所得470元整；3、罚款2350元整（按违法所得5倍计算）。

谢 ：从整个证据来看，盐城市亭湖区 林业技术推广站 经营部经营的“70%氟咯草酮可湿性粉剂”农药为假农药，事实清楚，证据确凿，我同意案件承办人的处理建议。

李 ：该案证据充足，证据关联性好，同意案件承办人的处理建议。

于 ：案件承办人的处理建议自由裁量标准适当，同意案件承办人的处理建议。

刘 ：其他同志还有什么意见？

其他与会人员均表示同意案件承办人的处理建议。

讨论意见：经与会人员讨论，一致通过案件承办人提出的处理意见，同意上报委领导审批。

讨论会议人员签名：

2017.5.11 2017.5.11 2017.5.11 2017.5.11 2017.5.11

53

案件处理意见书

<table>
<tr><td>案由</td><td colspan="8">经营假农药案</td></tr>
<tr><td rowspan="5">当事人</td><td rowspan="3">个人</td><td>姓名</td><td colspan="6">/</td></tr>
<tr><td>性别</td><td>/</td><td>年龄</td><td>/</td><td>电话</td><td colspan="2">/</td></tr>
<tr><td>住址</td><td colspan="6">/</td></tr>
<tr><td rowspan="2">单位</td><td>名称</td><td colspan="3">盐城市亭湖区[redacted]林业技术推广站[redacted]经营部</td><td>负责人</td><td colspan="2">周[redacted]</td></tr>
<tr><td>地址</td><td colspan="3">盐城市亭湖区[redacted]</td><td>电话</td><td colspan="2">130[redacted]</td></tr>
<tr><td>案件调查经过</td><td colspan="8">根据盐城市农委转来的省农委农产品质量安全监管局“编号：2017003”《农产品质量安全预警信息》，2017 年 3 月 23 日我委农业行政执法人员在亭湖区黄尖镇[redacted]周[redacted]农产品生产基地执法检查时发现该户从市区[redacted]种业（即：盐城市亭湖区[redacted]林业技术推广站[redacted]经营部）购进的标注商标名称“[redacted]”、“黑龙江省阿城市[redacted]农化有限公司”生产的“70%氰咯草酮可湿性粉剂”（登记证号 PD20[redacted]，生产日期 2016 年 3 月 8 日）”农药产品，经与农业部核准的该农药标签内容对照，上述登记证号登记的农药产品通用名称为“嗪草酮”，且生产企业名称为“哈尔滨[redacted]生物农化有限公司”。2017 年 3 月 27 日，农业执法人员得到盐城市亭湖区[redacted]林业技术推广站[redacted]经营部负责人周[redacted]的确认，上述农药产品确实为其销售，执法人员对上述农药产品进行了抽样。2017 年 3 月 28 日，农业执法人员将样品送盐城市产品质量监督检验所检验。2017 年 3 月 30 日与 4 月 18 日，我委分别收到盐城市产品质量监督检验所的检验报告（报告编号№：F2017SH0203 和№：F2017SH0312），检验结果显示：嗪草酮质量分数未检出，氰咯草酮质量分数未检出，扑草净质量分数为 41.2%。我们于 2017 年 4 月 19 日向当事人送达了《盐城市亭湖区农业委员会检验结果通知书》（亭农检通[2017]1 号），当事人对检验结果未提出异议。根据国务院《农药管理条例》第三十一条第二款第二项之规定，判定该批农药为假农药，当事人行为违反了国务院《农药管理条例》第三十一条第一款之规定，经请示委领导同意于 2017 年 4 月 19 日对其立案调查。经调查，当事人于 2017 年 2 月 25 日在淘宝网上订购物流托运购进标注由“黑龙江省阿城市[redacted]农化有限公司”生产的“70%氰咯草酮可湿性粉剂”农药产品 50 袋，包装规格为 40 克/袋，购进价格为 8 元/袋，销售价格为 10 元/袋，截止 2017 年 4 月 19 日，该批农药除抽样 3 袋（1 袋送检、1 袋执法机关保存、1 袋当事人留存）外，其余 47 袋已全部销售完，获得销售收入为 470 元。</td></tr>
<tr><td>所附证据材料</td><td colspan="8">1、当事人询问笔录 1 份；
2、证人询问笔录 1 份；
3、现场检查笔录 1 份；
4、农资产品抽样单 1 份；
5、现场检查照片 9 张；
6、农药标签审核查询结果 1 份；
7、产品确认通知书 1 份；
8、《关于我单位并非生产“氰咯草酮”产品情况的说明》1 份；
9、农药登记证 1 份；
10、农药检验报告 2 份；
11、检验结果通知书 1 份；
12、提供证据通知书 1 份；
13、当事人营业执照照片 1 张；
14、当事人身份证照片 2 张；
15、证人身份证照片 2 张。</td></tr>
</table>

54

调查结论及处理意见	当事人经营的“70%氟咯草酮可湿性粉剂”农药为假农药，事实清楚，证据确凿，其行为违反了国务院《农药管理条例》第三十一条第一款“禁止生产、经营和使用假农药”的规定，依据农业部《农药管理条例实施办法》第三十八条第一项“生产、经营假农药的，劣质农药有效成分总含量低于产品质量标准30%(含30%)或者混有导致药害等有害成分的，没收假农药、劣质农药和违法所得，并处违法所得5倍以上10倍以下的罚款；没有违法所得的，并处10万元以下的罚款。”之规定，并结合《盐城市亭湖区农业委员会行政处罚自由裁量标准》“生产经营假农药,情节轻微有违法所得的,没收非法财物和违法所得,并处违法所得5-6倍罚款”，建议对当事人处罚如下： 一、没收抽样保存和留存的假农药“70%氟咯草酮可湿性粉剂”2袋； 二、没收违法所得470元整； 三、罚款2350元整（按违法所得5倍计算）。 执法人员签名：应[redacted] 李[redacted] 2017年5月12日
执法机构意见	同意承办人员意见 签名：刘[redacted] 2017年5月12日
法制机构意见	同意执法机构意见,请主要领导审批. 签名：李[redacted] 2017年5月15日
执法机关意见	同意 签名：谢[redacted] 2017年5月15日

盐城市亭湖区农业委员会
行政处罚事先告知书

亭农（农药）告〔2017〕5号

盐城市亭湖区[redacted]林业技术推广站[redacted]经营部：

经调查，你单位于2017年2月25日在淘宝网上订购物流托运购进标注由“黑龙江省阿城市[redacted]农化有限公司”生产的“70%氟咯草酮可湿性粉剂”农药产品50袋，包装规格为40克/袋，购进价格为8元/袋，销售价格为10元/袋，截止2017年4月19日，除抽样3袋（1袋送检、1袋执法机关保存、1袋当事人留存）外，该批农药产品全部销售完，共销售47袋，获得销售收入为470元。该批农药产品经盐城市产品质量监督检验所检验，嗪草酮质量分数未检出，氟咯草酮质量分数未检出，扑草净质量分数为41.2%。根据国务院《农药管理条例》第三十一条第二款第二项之规定，判定该批农药为假农药。

你单位违反了国务院《农药管理条例》第三十一条第一款“禁止生产、经营和使用假农药”的规定，依据农业部《农药管理条例实施办法》第三十八条第一项“生产、经营假农药的，劣质农药有效成分总含量低于产品质量标准30%（含30%）或者混有导致药害等有害成分的，没收假农药、劣质农药和违法所得，并处违法所得5倍以上10倍以下的罚款；没有违法所得的，并处10万元以下的罚款。”之规定，并结合《盐城市亭湖区农业委员会行政处罚自由裁量标准》“生产经营假农药，情节轻微有违法所得的，没收非法财物和违法所得，并处违法所得5-6倍罚款”，本机关拟作出如下处罚决定：

一、没收抽样保存和留存的假农药“70%氟咯草酮可湿性粉剂”2袋；

二、没收违法所得470元整；

三、罚款2350元整（按违法所得5倍计算）。

根据《中华人民共和国行政处罚法》第三十一条、第三十二条之规定，你单位可在收到本告知书之日起三日内向本机关进行陈述申辩，逾期不陈述申辩的，视为你单位放弃上述权利。

盐城市亭湖区农业委员会

2017年5月16日

执法机关地址：盐城市[redacted]

联系人：李[redacted] 徐[redacted] 电话：0515—898[redacted]

56

行政处罚决定审批表

<table>
<tr><td>案由</td><td colspan="7">经营假农药案</td></tr>
<tr><td rowspan="5">当事人</td><td rowspan="3">个人</td><td>姓名</td><td colspan="6">/</td></tr>
<tr><td>性别</td><td>/</td><td>年龄</td><td>/</td><td>电话</td><td colspan="2">/</td></tr>
<tr><td>住址</td><td colspan="6">/</td></tr>
<tr><td rowspan="2">单位</td><td>名称</td><td colspan="3">盐城市亭湖区[redacted]林业技术推广站[redacted]经营部</td><td colspan="2">负责人</td><td>周[redacted]</td></tr>
<tr><td>地址</td><td colspan="3">盐城市亭湖区[redacted]</td><td>电话</td><td colspan="2">130[redacted]</td></tr>
<tr><td>陈述申辩或听证情况</td><td colspan="7">当事人在法定期限内未进行陈述申辩。</td></tr>
</table>

57

处理意见	当事人经营的“70%氟咯草酮可湿性粉剂”农药为假农药，其行为已经构成了经营假农药的违法事实。其行为违反了国务院《农药管理条例》第三十一条第一款“禁止生产、经营和使用假农药”的规定，依据农业部《农药管理条例实施办法》第三十八条第一款第一项“生产、经营假农药的，劣质农药有效成分总含量低于产品质量标准 30%（含 30%）或者混有导致药害等有害成分的，没收假农药、劣质农药和违法所得，并处违法所得 5 倍以上 10 倍以下的罚款；没有违法所得的，并处 10 万元以下的罚款。”之规定，并结合《盐城市亭湖区农业委员会行政处罚自由裁量标准》“生产经营假农药，情节轻微有违法所得的，没收非法财物和违法所得，并处违法所得 5-6 倍罚款”之规定，作出如下处罚决定： 一、没收抽样保存和留存的假农药“70%氟咯草酮可湿性粉剂”2 袋； 二、没收违法所得 470 元整； 三、罚款 2350 元整（按违法所得 5 倍计算）。 执法人员签名：[redacted] [redacted] 2017年5月22日
执法机构意见	同意办案人员意见。 签名：[redacted] 2017年5月22日
法制机构意见	同意执法机构意见，请委领导审批。 签名：[redacted] 2017年5月25日
执法机关意见	同意 签名：[redacted] 2017年5月25日

58

送达回证

案　　由	涉嫌经营假农药案
受送达人	盐城市亭湖区[redacted]林业技术推广站[redacted]经营部
送达单位	盐城市亭湖区农业委员会

送达文书及文号	送达地点	送达人	送达方式	收到日期	收件人签名
检验结果通知书 亭农（检通）字[2017]1号	盐城市亭湖区[redacted]	陈[redacted] 李[redacted]	直接送达	2017.4.19	周[redacted]
责令整改通知书	盐城市亭湖区[redacted]	陈[redacted] 李[redacted]	直接送达	2017.4.19	周[redacted]
/	/	/	/	/	/
/	/	/	/	/	/

备注	

59

送达回证

案　由	涉嫌经营假农药案				
受送达人	盐城市亭湖区[redacted]林业技术推广站[redacted]经营部				
送达单位	盐城市亭湖区农业委员会				
送达文书及文号	送达地点	送达人	送达方式	收到日期	收件人签名
提供证据通知书	盐城市亭湖区[redacted]	[redacted]	直接送达	2017.4.24	[redacted]
/	/	/	/	/	/
/	/	/	/	/	/
/	/	/	/	/	/
备注					

60

送达回证

案　　由	经营假农药案
受送达人	盐城市亭湖区[redacted]林业技术推广站[redacted]经营部
送达单位	盐城市亭湖区农业委员会

送达文书及文号	送达地点	送达人	送达方式	收到日期	收件人签名
行政处罚事先告知书 亭农（农药）告[2017]5号	盐城市亭湖区[redacted]	[redacted]	直接送达	2017.5.16	周[redacted]
/	/	/	/	/	/
/	/	/	/	/	/
/	/	/	/	/	/
/	/	/	/	/	/

备注	

61

送达回证

案　　由	经营假农药案				
受送达人	盐城市亭湖区[redacted]林业技术推广站[redacted]经营部				
送达单位	盐城市亭湖区农业委员会				
送达文书及文号	送达地点	送达人	送达方式	收到日期	收件人签名
行政处罚决定书 亭农（农药）罚[2017]5 号	盐城市亭湖区[redacted]	[redacted]	直接送达	2017.5.27	周[redacted]
/	/	/	/	/	/
/	/	/	/	/	/
/	/	/	/	/	/
/	/	/	/	/	/
备注					

62

送达回证

案　　由	经营假农药案
受送达人	盐城市亭湖区[redacted]林业技术推广站[redacted]经营部
送达单位	盐城市亭湖区农业委员会

送达文书及文号	送达地点	送达人	送达方式	收到日期	收件人签名
行 政 建 议 书 亭农（行建）字（2017）2号	盐城市亭湖区 [redacted]	[redacted]	直接送达	2017.6.2	[redacted]
/	/	/	/	/	/
/	/	/	/	/	/
/	/	/	/	/	/
/	/	/	/	/	/

备注	

63

执 行 的 票 据

江苏省非税收入一般缴款书(盐城市亭湖区)(存 根) 5

苏财准印(2015)013-017号

No：0001139576W

执收单位编码：　320902

执收单位名称：

解缴方式：结算方式 现金

填制日期：2017-05-27

付款人	全　称	盐城市亭湖区农业委员会	收款人	全　称	盐城市亭湖区财政局
	账　号	盐城市亭湖区[redacted]林业技术推广站[redacted]经营部		账　号	[redacted]
	开户银行			开户银行	农行盐城[redacted]支行
金额(大写)				(大写)	¥2,820.00

执行项目代码管理

项目编码	收入项目名称	单 位	数 量	收缴标准	金　额
[illegible]	农业行政执法罚没款				2,820.00

备注：亭农（农药）罚【2017】5号

委托单位编码：　　委托单位名称：　　校验码：

第五联　执收单位的存根

64

罚没物资专用收据照片

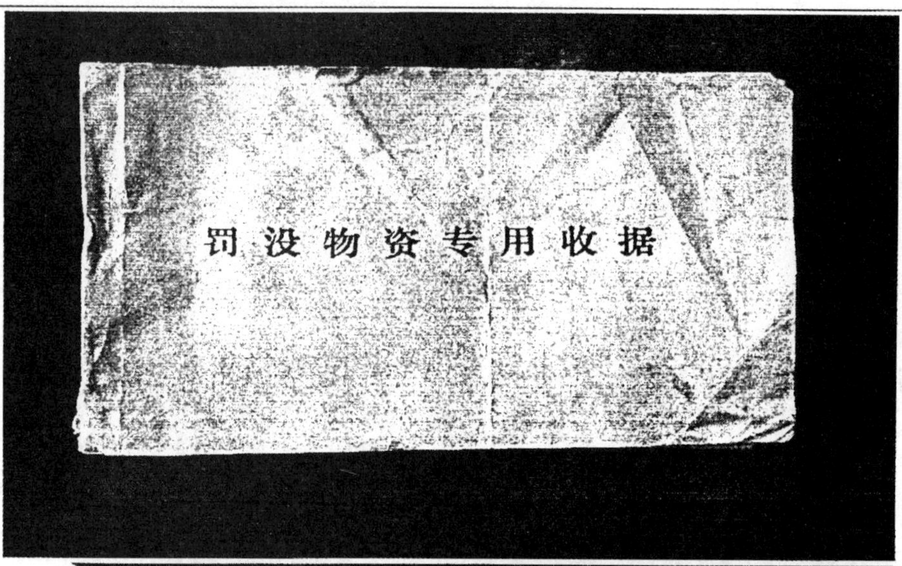

罚没物资专用收据

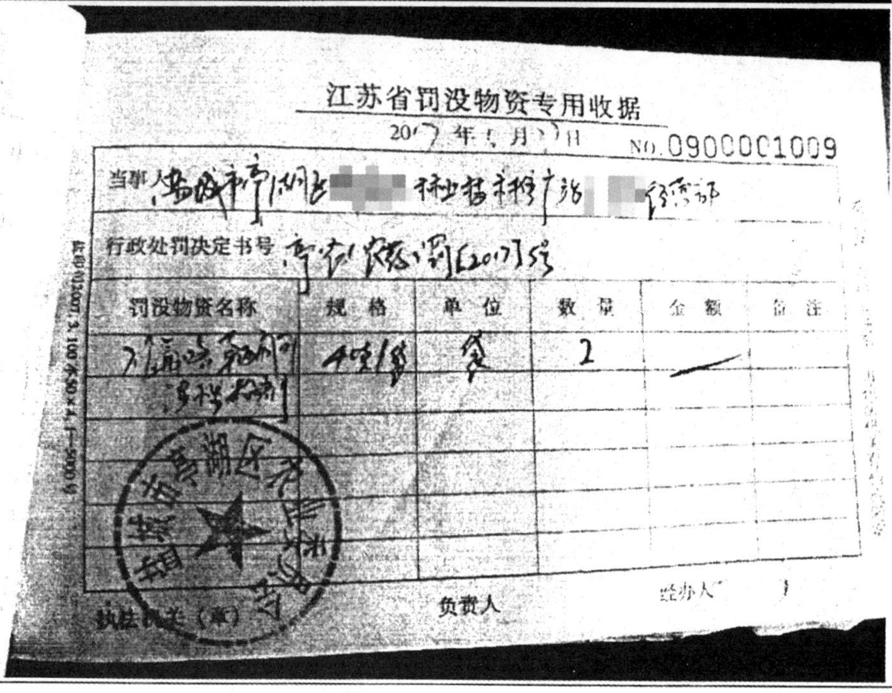

江苏省罚没物资专用收据

2017年5月　日　No.0900001009

当事人：盐城市亭湖区[redacted]种业指示棉广路[redacted]经营部

行政处罚决定书号：亭农（农）罚[2017]5号

罚没物资名称	规格	单位	数量	金额	备注
[illegible]	4克/袋	袋	2	—	

执法机关（章）　　负责人　　经办人

盐城市亭湖区农业委员会

说明：

上述照片由执法人员拍摄。

执法人员签名：[redacted] 李[redacted]

证据制作时间：2017年5月30日

65

罚没物资入库台账照片

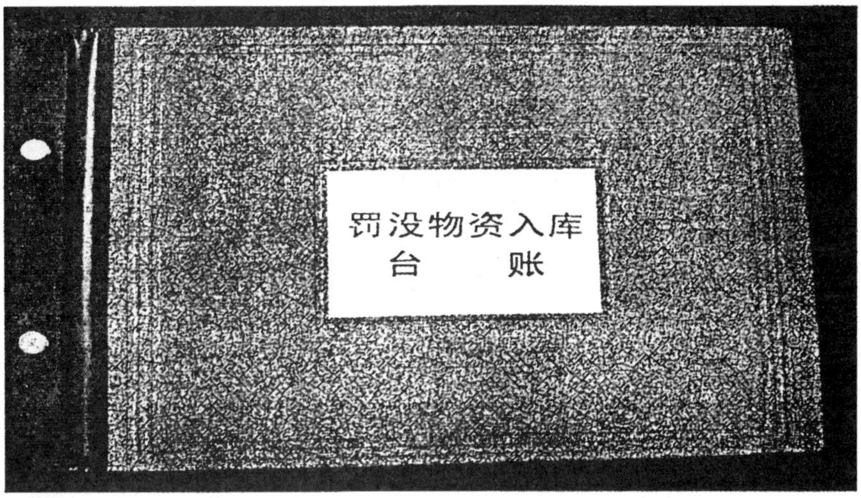

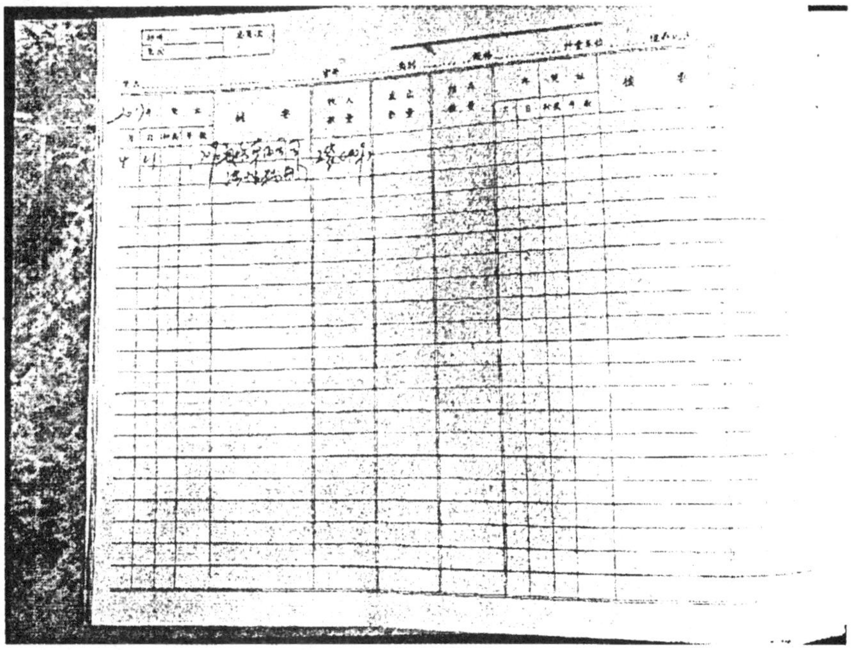

说明：

上述照片由执法人员拍摄。

执法人员签名：[redacted]

证据制作时间：2017 年 5 月 30 日

F6

盐城市亭湖区农业委员会
农资违法线索抄告函

淮安市农业委员会：

2017年3月23日，我委农业行政执法人员在执法检查时发现物流配送来自贵辖区范围内某公司（公司名称不详）的标注商标名称为“[redacted]”、“黑龙江省阿城市[redacted]农化有限公司”生产的“70%氟咯草酮可湿性粉剂”农药产品，该产品经抽样检测，结果为假农药。我委对辖区内农资经营单位盐城市亭湖区[redacted]林业技术推广站[redacted]经营部经营假农药进行了行政处罚。按照农业部农资打假“五不放过”原则，现将该农资违法线索抄告贵单位。

附件材料（共14页）：

1、行政处罚决定书（亭农(农药)罚〔2017〕5号）复印件1份（共4页）

2、《产品确认通知书》及回复说明1份（共2页）

3、《检验报告》复印件2份（共8页）

盐城市亭湖区农业委员会

2017年5月31日

地址：江苏省盐城市[redacted]

邮政编码：224051

联系人：徐[redacted] 李[redacted]

电话：0515—898[redacted]

67

盐城市亭湖区农业委员会

行 政 建 议 书

亭农（行建）字（2017）2号

盐城市亭湖区[redacted]林业技术推广站[redacted]经营部:

针对你单位经营“70%氟咯草酮可湿性粉剂”假农药的行为，本机关特提出如下建议:

一、加强自律，诚实守信，规范经营，切实增强遵章守法和诚信经营的意识;

二、认真学习国务院新《农药管理条例》等法律法规和规章规定;

三、严格把关、保证质量。对所经营的农资进行认真自查，严把进货渠道关，及时完善农资经营台帐，不经营假农药。

四、今后你单位在农药经营过程中，要与农药生产企业、经营单位签订质量合同，主动索取进货发票、农药登记证、质量检验报告等相关材料。

盐城市亭湖区农业委员会

2017年6月2日

行政处罚结案报告

<table>
<tr><td>案　由</td><td colspan="3">经营假农药案</td></tr>
<tr><td>当事人</td><td colspan="3">盐城市亭湖区[redacted]林业技术推广站[redacted]经营部</td></tr>
<tr><td>立案时间</td><td>2017 年 4 月 19 日</td><td>处罚决定
送达时间</td><td>2017 年 5 月 27 日</td></tr>
<tr><td colspan="4">处罚决定：
1、没收抽样保存和留存的假农药“70%氟咯草酮可湿性粉剂”2 袋；
2、没收违法所得 470 元整；
3、罚款 2350 元整。
执行情况：
当事人已履行法定义务，处罚决定已执行完毕。

执法人员签名：[redacted]
2017 年 6 月 9 日</td></tr>
<tr><td>执法
机构
意见</td><td colspan="3">建议结案
签名：[redacted]
2017 年 6 月 9 日</td></tr>
<tr><td>执法
机关
意见</td><td colspan="3">同意结案
签名：[redacted]
2017 年 6 月 9 日</td></tr>
</table>

F9

卷 内 备 考 表

本卷情况说明：

本卷宗共 39 件， 70 页（其中文字材料 57 页，照片材料 13 页，音像资料无）。

立卷人签名：

检查人签名：

立卷时间：2017 年 06 月 20 日

70

案例二　运输依法应当检疫而未经检疫动物案

一、案情简介

2017 年 9 月 8 日，成都市动物卫生监督所执法人员在成都市都江堰市对某猪业公司进行执法检查，该公司不能提供仔猪出场（该公司采用“两点式”养殖方式，即种猪场产出的仔猪转运到配套场继续饲养再出栏）的检疫申报资料。2017 年 9 月 11 日，经成都市动物卫生监督所负责人批准对该公司涉嫌运输依法应当检疫而未经检疫动物的行为立案调查。经调查，2015 年 9 月 19 日至 2017 年 9 月 8 日，当事人未向都江堰市动物卫生监督所申报过产地检疫，在检疫出证系统也无当事人的产地检疫出证记录。认定当事人运输依法应当检疫而未经检疫的动物的违法事实存在，货值金额 1448795.00 元。

当事人的行为违反了《动物防疫法》第二十五条第三项之规定，依据《动物防疫法》第七十六条和第七十八条第一款之规定，并参照《四川省农业行政处罚裁量标准》，2017 年 10 月 13 日，执法机关作出处货值金额 1448795.00 元 ×30% 的罚款，共计 434638.5 元的行政处罚决定。

二、简要点评

本案是一起典型的运输依法应当检疫而未经检疫的动物案。在日常动物卫生监督检查中，执法人员经常发现养殖场出栏动物未申报检疫，但由于证据收集困难，无法对违法行为给予行政处罚。本案的成功办理不仅维护了法律的严肃性，也给类似案件的调查处理提供参考。

（一）主体适格

本案的“人”比较复杂，执法人员收集了大量证据证明当事人与某农牧公司、崇州市某家庭农场的关系。最终认定，都江堰市某猪业公司是经工商登记注册的法人组织，是运输到崇州市某家庭农场的生猪的货主，是本案承担行政法律责任的适格主体。而某农牧公司是当事人的母公司，是运输生猪的承运人，崇州市某家庭农场是当事人的生猪饲养配套场，两者均为本案的相关人。

（二）事实清楚、证据充分

执法人员不仅收集了大量基础证据，同时根据询问中获取的重要线索收集其他证据，形成了完整的证据链，对当事人违法行为的起止时间、承运人、运输车辆、运输起止地、涉案标的数量、货值金额和危害后果等进行了准确认定。

1. 关于违法时间。由于本案当事人的违法行为处于连续状态，需确定违法行为的时间起点。执法人员通过询问，得知当事人负责动物出场检疫申报工作的员工在 2015 年 9 月离职，此后生猪出栏无人申报检疫。执法机关函询当地动物卫生监督所，其也证实在 2015 年 9 月 19 日之前有当事人的动物产地检疫出证记录。为此，执法机关认定当事人违法行为的时间起点是 2015 年 9 月 19 日，违法行为一直延续到案发时止。

2. 关于违法地点。就本案而言，违法地点既包括运输起点，也包括运输终点。执法人员不仅对当事人某猪业公司进行了现场勘验和拍照取证，对崇州市某家庭农场也进行了现场勘验和拍照取证。

3. 关于违法行为。对未经检疫的认定，执法人员不仅询问了相关人员，还通过四川省电子出证系统查询，印证了未经检疫的事实；本案有无经营行为，直接关系到是否有其他主体违法经营。所以调查中，执法人员收集了大量证据证明三者关系，查清了租用某家庭农场的租金支付方和仔猪在配套场继续饲养出栏的收入方，最终认定违法行为仅是“运输”而无“经营”。

4. 关于违法数量。执法人员提取了生猪调拨单，并由配套场负责人对生猪调拨单再次进行确认，形成证据链，涉案标的数量认定准确。

5. 关于货值金额。执法人员收集了生猪调拨价格台账，并询问了调拨价格的构成，被委托人唐某和财务人员称调拨价格是内部核算价格，仅用于成本核算。当事人的母公司生产部经理李某称公司内部所有的子公司调拨生猪均要进行成本核算，并对核算方式和价格构成进行确认，最终确定了涉案标的货值金额。

6. 关于违法后果。违法行为的结果既包含涉案标的数量、货值金额等，还包含违法行为后果。本案对当事人及其配套场在违法行为发生期间是否发生动物疫情进行了调查，违法事实更加完整。

（三）适用法律正确

值得注意的是，对依法应当检疫而未经检疫的动物应当按照《动物检疫管理办法》第四十条第一款“依法应当检疫而未经检疫的动物，由动物卫生监督机构依照本条第二款规定补检，并依照《动物防疫法》处理处罚”的规定实施补检和处罚。经调查，本案标的物在案发时均已灭失，无法实施补检，且当事人和其配套场及周围五千米范围在违法行为发生期间无动物疫情发生，故本案直接适用《动物防疫法》第七十六条“违反本法第二十五条规定，屠宰、经营、运输动物或者生产、经营、加工、贮藏、运输动物产品的，由动物卫生监督机构责令改正、采取补救措施，没收违法所得和动物、动物产品，并处同类检疫合格动物、动物产品货值金额一倍以上五倍以下罚款；其中依法应当检疫而未检疫的，依照本法第七十八条的规定处罚”、第七十八条第一款“违反本法规定，屠宰、经营、运输的动物未附有检疫证明，经营和运输的动物产品未附有检疫证明、检疫标志的，由动物卫生监督机构责令改正，处同类检疫合格动物、动物产品货值金额百分之十以上百分之五十以下罚款；对货主以外的承运人处运输费用一倍以上三倍以下罚款”。根据第七十八条，运输未经检疫的动物，存在两个违法主体，一是货主，二是承运人。本案中生猪的货主是某猪业公司，承运人是某农牧公司，对该农牧公司承运依法应当检疫而未经检疫动物的违法行为，执法机关作另案处理。

（四）程序合法

本案的立案、调查取证和案件处理均按照法律法规规定的程序办理。值得一提的是，调查结束后，执法机关于9 月22 日对本案当事人的违法事实、证据和拟作出的处罚内容等进行了集体讨论，认为应对当事人在违法行为期间的动物疫情发生情况进行补充调查。补充调查后，执法机关进行了第二次集体讨论，并依此制作《行政处罚事先告知书》。本案的两次集体讨论，体现案件办理程序的严谨和规范。

（五）自由裁量适当

本案调查期间，当事人向执法机关提供了整改报告，集体讨论认为当事人在执法人员检查发现违法行为后采取的改正行为，不属于规定的从轻情节；证据显示当事人的违法行为未产生社会危害后果，虽然属于《四川省农业行政处罚裁量权适用规则》规定的“可以”从轻或减轻的情节，但不属于“应当”从轻或减轻的情节。执法机关参照《四川省农业行政处罚裁量标准》的规定，给予当事人货值金额30%的罚款，自由裁量适当。

（六）文书制作规范

本案调查时间长，证据材料多，很难对证据进行统一归类列举和说明，所以执法人员在制作《行政处罚决定书》时，根据证据形成的时间进行了归类列举和说明，条理清晰，值得借鉴。

三、处罚案卷

成都市动物卫生监督所

农业行政处罚案件

卷 宗

执法机构	动物卫生监督执法支队		
处罚决定书文　号	成动监罚〔2017〕5号		
题　　名	关于都江堰[redacted]科技有限公司运输依法应当检疫而未经检疫动物案		
立案时间	2017年9月11日		
结案时间	2017年10月13日		
承 办 人	罗[redacted]　李[redacted]　韩[redacted]　胡[redacted]　沈[redacted]		
立 卷 人	罗[redacted]　李[redacted]		
归档时间	2017年10月13日	保管期限	永久
本卷共 1 件 188 页		归 档 号	

全宗号	目录号	案卷号

卷内文件目录

顺序号	文号	责任者	题名	日期	页号	备注
1	成动监罚〔2017〕5号		行政处罚决定书	10.13	1-8	
2	成动监立〔2017〕5号		行政处罚立案审批表	9.11	9	
3			当事人的营业执照	9.8	10	复印件
4			当事人的法定代表人居民身份证	9.8	11	复印件
5			授权委托书	9.11	12	
6			被委托人居民身份证	9.8	13	复印件
7			询问笔录	9.8—9.20	14-43	
8			现场检查笔录、现场勘验笔录	9.8—9.12	44-50	
9			都江堰[redacted]科技有限公司调拔台帐	9.8	51-55	打印件
11			猪只转群记录单	9.11	56-81	复印件
12			都江堰[redacted]科技有限公司生猪调拔价格台账	9.11	82-86	打印件
13			转账通知单、增值税发票、猪场种猪销售通知单、记账凭证、上海浦东发展银行（浦发成都都江堰支行）贷记通知	9.15—9.20	87-93	复印件
14			养殖器具租凭合同、猪场租赁合同	9.12—9.15	94-104	复印件
15			都江堰[redacted]科技有限公司章程、准予变更登记通知书	9.15	105-109	复印件
16			都江堰[redacted]科技有限公司关于对存在违法行为的整改报告	9.18	110-119	
17			成都市动物卫生监督所关于查询检疫证明有关情况的函	9.14	120	
18			都江堰动物卫生监督所关于查询检疫证明有关情况的回复	9.14	121	

19			成都市动物卫生监督所关于查询动物疫情有关情况的函	9.25	122-123	
20			都江堰市动物卫生监督所关于动物疫情发生情况的复函、崇州市动物卫生监督所关于动物疫情发生情况的复函	9.25	124-125	
21			动物防疫条件合格证、种畜禽生产经营许可证	9.8	126-127	
22			照片粘贴表	9.8-9.12	128-133	
23			相关单位的营业执照	9.15	134	复印件
24			证明	9.14	135-136	
25			相关人员的居民身份证	9.8—9.14	137-140	复印件
26			行驶证、驾驶证	9.12	141	复印件
27			成都市动物卫生监督所重大案情集体讨论记录、成都市动物卫生监所案件审查委员会决定（2017年第2号）、案件处理意见书	9.20—9.22	142-161	第一次
28			成都市动物卫生监督所重大案情集体讨论记录、成都市动物卫生监所案件审查委员会决定（2017年第3号）、案件处理意见书	9.26-9.29	162-173	第二次
29			行政处罚事先告知书	9.30	174-180	
30	成动监告〔2017〕5号		行政处罚决定审批表	10.13	181-182	
31			送达回证	10.9-10.13	183-184	
32			四川省政府非税收入一般缴款书	10.13	185	
33			行政处罚结案报告	10.13	186	
34	成动监重处罚备〔2017〕1号		四川省重大行政处罚决定备案报告	10、13	187	
35			备考表	10.13	188	

成都市动物卫生监督所
行政处罚决定书

成动监罚〔2017〕5号

当事人：都江堰[redacted]科技有限公司

统一社会信用代码：915[redacted]

地址：都江堰市[redacted]

法定代表人：岳[redacted]　　　　　联系电话：138[redacted]

当事人运输依法应当检疫而未经检疫的动物一案，经本机关依法调查，现已查明：

2017年9月8日，成都市动物卫生监督所执法人员会同都江堰市动物卫生监督所执法人员对都江堰[redacted]科技有限公司进行执法检查时，发现当事人的仔猪在出场时未向当地动物卫生监督机构申报产地检疫，当事人的行为涉嫌违反了《中华人民共和国动物防疫法》第二十五条规定："禁止屠宰、经营、运输下列动物和生产、经营、加工、贮藏、运输下列动物产品：(三)依法应当检疫而未经检疫或者检疫不合格的"之规定。2017年9月11日，经本机关负责人批准立案。

经调查，对当事人的违法事实认定如下：

一、当事人是经工商登记注册的法人组织，是本案承担行政法律责任的适格主体。

2

二、2015年11月4日到2017年2月22日期间，当事人从都江堰市[redacted]运输仔猪到位于崇州市[redacted]的崇州市[redacted]家庭农场26批次，共计2924头，均未经检疫，货值金额共计1448795.00元。

三、当事人在2015年11月4日到2017年2月22日期间转运仔猪到崇州[redacted]家庭农场的车辆是东风[redacted]卡货车，车牌号为川A[redacted]；驾驶员为罗[redacted]。当事人运输仔猪到崇州市[redacted]家庭农场是内部转运继续饲养，没有经营行为。

四、本机关检查发现当事人的违法行为以后，当事人及时采取措施改正违法行为；当事人以及其配套场崇州市[redacted]家庭农场及周围五千米范围在2015年9月19日到2017年9月8日期间，没有动物疫情发生。

以上违法事实有下列证据为证：

第一组证据（2017年9月8日形成的证据）：

一、当事人的《营业执照》、《种畜禽生产经营许可证》、《动物防疫条件合格证》复印件各一份共3页、照片1张、法定代表人岳[redacted]身份证复印件一份共1页。证明事实：当事人的身份及法定资质。

二、询问笔录2份共5页、场长唐[redacted]和后勤主任聂[redacted]的身份证复印件各一份共2页、现场检查笔录1份共2页、《都江堰[redacted]科技有限公司调拨台账》打印件5页。证明事实：当事人确有运输依法应当检疫而未经检疫的动物的违法行为及运输动物的数量。

第二组证据（2017年9月11日形成的证据）：

一、《授权委托书》一份共1页。证明事实：唐[redacted]的被委托关系。

二、 现场勘验笔录一份共3页。证明事实：当事人的地理位置。

三、现场检查笔录一份共1页、《猪只转群记录单》复印件26页、《都江堰[redacted]科技有限公司生猪调拨价格台账》打印件5页、询问笔录一份共4页。证明事实：当事人在2015年11月4日到2017年2月22日期间向崇州[redacted]家庭农场运输仔猪的数量、货值金额及运输的事实；2015年9月19日到2015年11月3日和2017年2月23日到2017年9月8日期间，当事人未进行仔猪调运的事实。

第三组证据（2017年9月12日形成的证据）：

一、崇州市[redacted]家庭农场《动物防疫条件合格证》正本照片1张、《营业执照》副本照片1张、崇州市[redacted]家庭农场大门照片1张、崇州市[redacted]家庭农场饲养圈照片1张。证明事实：崇州市[redacted]家庭农场法定资质及养殖场地。

二、询问笔录2份共7页、货车照片1张、罗[redacted]的车辆行驶证和驾驶证复印件一份共1页、罗[redacted]和荣[redacted]的身份证复印件各一份共2页、《养殖器具租赁合同》复印件一份共3页。证明事实：以[redacted]农牧股份有限公司的名义租赁崇州市[redacted]家庭农场

4

（2016 年-2018 年）；当事人、[redacted]农牧股份有限公司和崇州市[redacted]家庭农场的关系；从 2015 年 11 月 4 日到 2017 年 2 月 22 日期间当事人向其配套场崇州市[redacted]家庭农场转运生猪的事实；转运生猪的车辆是[redacted]农牧股份有限公司的，驾驶员是[redacted]农牧股份有限公司的员工罗[redacted]；[redacted]农牧股份有限公司和驾驶人罗[redacted]均没有收取转运生猪的运输费用。

第四组证据（2017 年 9 月 14 日形成的证据）：

一、《证明》两份共 2 页。证明事实：李[redacted]、罗[redacted]、荣[redacted]是[redacted]农牧股份有限公司的员工；岳[redacted]、唐[redacted]、聂[redacted]是当事人的员工。

二、李[redacted]的身份证复印件一份共 1 页、询问笔录两份共 5 页。证明事实：当事人是[redacted]农牧股份有限公司的子公司；当事人转运生猪没有经营行为。

三、《成都市动物卫生监督所关于查询检疫证明有关情况的函》、《都江堰市动物卫生监督所关于查询检疫证明有关情况的回复》各一份共 2 页。证明事实：在 2015 年 9 月 19 日之前四川省电子出证系统有当事人的动物产地检疫出证记录；2015 年 9 月 19 日至 2017 年 9 月 8 日当事人未向都江堰市动物卫生监督所及都江堰市动物检疫申报点申报过产地检疫，在四川省电子出证系统也没有当事人的动物产地检疫出证记录。

第五组证据（2017 年 9 月 15 日形成的证据）：

一、《营业执照》一份共 1 页、《准予变更登记通知书》（（崇州）登记内变（备）字2011第001122号）复印件、《准予变更登记通知书》（（成）登记内变字〔2016〕第000651号）复印件各一份共2页、《都江堰[redacted]科技公司章程》第1页、第2页和第13页复印件共3页。证明事实：[redacted]农牧股份有限公司的法定身份；[redacted]农牧股份有限公司名称变更经过；当事人是[redacted]农牧股份有限公司的子公司。

二、转账通知单复印件2页、增值税发票复印件2页、《猪场租赁合同》复印件一份共8页。证明事实：[redacted]农牧股份有限公司在2014-2016年租赁崇州市[redacted]家庭农场；当事人是租金的实际支付人。

三、询问笔录两份共6页。证明事实：当事人是[redacted]农牧股份有限公司的子公司；当事人使用[redacted]农牧股份有限公司的驾驶人和车辆转运猪只没有支付运费。

第六组证据（2017年9月18日形成的证据）：

当事人的被委托人唐[redacted]向本机关提供《都江堰[redacted]科技有限公司关于对存在违法行为的整改报告》一份共10页。证明事实：本机关检查发现当事人的违法行为以后，当事人及时采取措施改正违法行为。

第七组证据（2017年9月20日形成的证据）：

猪场种猪销售通知单复印件一份共1页、记账凭证复印件一份共1页、上海浦东发展银行（浦发成都都江堰支行）贷记通知复印件各一份共1页、询问笔录一份共3页。证明事实：当事人转运到崇州市[redacted]家庭农场的仔猪饲养后出栏时出售所得的收入归当事人所有，证明当事人转运仔猪没有经营行为。

第八组证据（2017年9月25日形成的证据）：

《成都市动物卫生监督所关于查询动物疫情发生情况的函》两份共2页、《都江堰市动物卫生监督所关于动物疫情发生情况的复函》一份共1页、《崇州市动物卫生监督所关于动物疫情发生情况的复函》一份共1页。证明事实：当事人及其配套场崇州[redacted]家庭农场在2015年9月19日到2017年9月8日期间无动物疫情发生，未产生社会危害后果。

本机关认为：

依据《动物检疫管理办法》第四条规定："动物检疫的范围、对象和规程由农业部制定、调整并公布。"和《农业部关于印发<生猪产地检疫规程>等4个规程的通知》（农医发〔2010〕20号），当事人运输的仔猪属于依法应当检疫的动物。当事人运输依法应当检疫而未经检疫动物的行为违反了《中华人民共和国动物防疫法》第二十五条"禁止屠宰、经营、运输下列动物和生产、经营、加工、贮藏、运输下列动物产品：(三)依法应当检疫而未经检疫或者检疫不合格的"之规定，事实清楚，证据确凿，应当给予行政处罚。

2017年10月9日，本机关向当事人送达了《行政处罚事先告知书》（成动监告〔2017〕5号），在规定的时间内，当事人未提出陈述申辩，也未申请听证。

依据《中华人民共和国动物防疫法》第七十六条“违反本法第二十五条规定，屠宰、经营、运输动物或者生产、经营、加工、贮藏、运输动物产品的，由动物卫生监督机构责令改正、采取补救措施，没收违法所得和动物、动物产品，并处同类检疫合格动物、动物产品货值金额一倍以上五倍以下罚款；其中依法应当检疫而未检疫的，依照本法第七十八条的规定处罚”和第七十八条“违反本法规定，屠宰、经营、运输的动物未附有检疫证明，经营和运输的动物产品未附有检疫证明、检疫标志的，由动物卫生监督机构责令改正，处同类检疫合格动物、动物产品货值金额百分之十以上百分之五十以下罚款；对货主以外的承运人处运输费用一倍以上三倍以下罚款”之规定，参照《四川省农业行政处罚裁量标准》（动物卫生监督）序号9：“屠宰、经营、运输的动物或者生产、经营、加工、贮藏、运输的动物产品依法应当检疫而未检疫，货值金额2万元以上的由动物卫生监督机构责令改正，处同类检疫合格动物、动物产品货值金额30%以上50%以下罚款；对货主以外的承运人处运输费用2倍以上3倍以下的罚款。”之规定，本机关责令当事人立即改正违法行为，并作出如下处罚决定：

处货值金额1448795.00元30%的罚款，共计434638.5元。

当事人必须在收到本处罚决定书之日起15日内持本决定书到指定银行缴纳罚款。逾期不按规定缴纳罚款的，每日按罚款数额的3%加处罚款。

当事人对本处罚决定不服的，可以在收到本处罚决定书之日起60日内向成都市农业委员会申请行政复议；或者六个月内向武侯区人民法院提起行政诉讼。行政复议和行政诉讼期间，本处罚决定不停止执行。

当事人逾期不申请行政复议或提起行政诉讼，也不履行本行政处罚决定的，本机关将依法申请人民法院强制执行。

成都市动物卫生监督所

2017年10月13日

附指定银行：

单位名称：成都市动物卫生监督所

单位编码：010044019

收款人：

全称：成都市财政局应缴预算归集户

开户银行：工行高新支行民丰大道分理处

账号：44022 350[redacted]

（本决定书一式三份，办案单位、被处罚单位和指定银行各一份）

9

行政处罚立案审批表

成动监立〔2017〕5号

<table>
<tr><td>案件来源</td><td colspan="2">检查发现</td><td>受案时间</td><td colspan="2">2017年9月8日</td></tr>
<tr><td>案　　由</td><td colspan="5">涉嫌运输依法应当检疫而未经检疫的动物案</td></tr>
<tr><td rowspan="2">当事人</td><td rowspan="2">单位</td><td>名称</td><td>都江堰[redacted]科技有限公司</td><td>法定代表人</td><td>岳[redacted]</td></tr>
<tr><td>地址</td><td>都江堰市[redacted]</td><td>电话</td><td>138[redacted]</td></tr>
<tr><td colspan="2">简要案情</td><td colspan="4">2017年9月8日，成都市动物卫生监督所会同都江堰动物卫生监督所执法人员对都江堰[redacted]科技有限公司进行执法检查时发现，该公司的仔猪调拔到崇州[redacted]家庭农场之前没有到当地动监部门申报检疫。执法人员对都江堰[redacted]科技有限公司进行了现场检查，提取了该公司《营业执照》、《种畜禽生产经营许可证》和《动物防疫条件合格证》复印件，提取了相关人员的身份证复印件和调拨台账，对都江堰[redacted]科技有限公司进行了拍照取证。经初步调查，当事人运输未经检疫的仔猪的行为涉嫌违反了《中华人民共和国动物防疫法》第二十五条第（三）项之规定，应当给予行政处罚，建议立案。
受案人签名：[redacted]
2017年9月11日</td></tr>
<tr><td colspan="2">执法机构意见</td><td colspan="4">同意立案
签名：[redacted]
2017年9月11日</td></tr>
<tr><td colspan="2">法制机构意见</td><td colspan="4">同意办案支队意见
签名：石[redacted]
2017年　月　日</td></tr>
<tr><td colspan="2">执法机关意见</td><td colspan="4">同意。
签名：[redacted]
2017年　月11日</td></tr>
</table>

10

营业执照

(副　本)

统一社会信用代码 91510[redacted]

名　　　称	都江堰[redacted]科技有限公司
类　　　型	其他有限责任公司
住　　　所	四川省成都市都江堰市[redacted]
法定代表人	岳[redacted]
注 册 资 本	(人民币)捌佰伍拾万元
成 立 日 期	2011年10月18日
营 业 期 限	2011年10月18日至永久
经 营 范 围	生猪养殖技术研究；生猪养殖、销售。（依法须经批准的项目，经相关部门批准后方可开展经营活动）。

与原件核对无误

提供者签名 [redacted] 2017.9.8

执法人员签名 [redacted]

执法证号 MA170020 MA170127

2017.9.8.

登 记 机 关

2015年10月[illegible]日

企业信用信息公示系统网址：http://gsxt.scaic.gov.cn
http://gsxt.cdcredit.gov.cn

中华人民共和国国家工商行政管理总局监制

11

姓名 岳[redacted]

性别 男 民族 汉

出生 19[redacted]年[redacted]月[redacted]日

住址 成都市武侯区洗面桥横街

[redacted]

公民身份号码 5131[redacted]

与原件[redacted]对无误		
提供者签名	[redacted] 2017.9.8	
执法人员签名	[redacted]	[redacted]
执法证号	[redacted]	[redacted]
取证日期	2017.9.8.	

中华人民共和国

居民身份证

签发机关 成都市公安局武侯区分局

有效期限 2010.11.20-2030.11.20

12

授权委托书

委托人： 都江堰[redacted]科技有限公司

法定代表人：岳[redacted] 职务：无 身份证号：513[redacted]

被委托人： 唐[redacted] 身份证号：342[redacted] 工作单位：都江堰[redacted]科技有限公司 职务：场长 住址：四川省成都市都江堰市[redacted]

委托事项： 被委托人就都江堰[redacted]科技有限公司涉嫌运输依法应当检疫而未经检疫的生猪一案，代委托人接受执法机关成都市动物卫生监督所调查、询问，提供证据材料，申请回避，依法行使或放弃陈述、申辩及申请听证权利，签收执法文书，以及其他事项。被委托人上述行为的法律后果由委托人承担。

委托期限： 自2017年9月11日至本案依法调查和处理结束。

被委托人：[redacted] 2017年 9月 11 日

委托人：[redacted] 2017年 9月11 日

13

姓名 [redacted]

性别 女 民族 汉

出生 19[redacted]年[redacted]月[redacted]日

住址 安徽省合肥市[redacted]

公民身份号码 342[redacted]

与原件核对无误		
提供者签名	[redacted]	2017.9.8
执法人员签名	[redacted]	[redacted]
执法证号	[redacted]	MA[redacted]
取证日期	2017.09.08.	

中华人民共和国

居民身份证

签发机关 合肥市公安局[redacted]分局

有效期限 2016.03.29-2036.03.29

14

询 问 笔 录

询问时间：2017年9月8日18时15分至18时50分

询问地点：都江堰[redacted]科技有限公司门卫室

询问机关：成都市动物卫生监督所

询问人：韩[redacted]　　执法证件号：川A1[redacted]

李[redacted]　　执法证件号：川A1[redacted]

胡[redacted]　　执法证件号：川A1[redacted]

记录人：韩[redacted]

被询问人：姓名[redacted]　性别　男　年龄　54

身份证号：513[redacted]

联系电话：136[redacted]

工作单位：都江堰[redacted]科技有限公司

职务：后勤主任

住址：都江堰市[redacted]

问：我们是成都市动物卫生监督所的执法人员（出示执法证件），现就都江堰[redacted]科技有限公司涉嫌运输依法应当检疫而未经检疫的生猪依法向你进行询问调查。你应当如实回答我们的询问并协助调查，作伪证要承担法律责任，你听清楚了吗？

执法人员签名或盖章：胡[redacted] 韩[redacted] 李[redacted]

被询问人签名或盖章：[redacted] 2017年9月8日

（第1页共2页）

15

笔　录　纸

答：　听清楚了，你们的执法证件我已确认。

问：　根据《农业行政处罚程序规定》第三十六条第一款的规定，你有权申请执法人员回避，你是否申请执法人员回避？

答：不需要申请回避。

问：　你的姓名、身份证号码、工作单位及职务是什么？

答：　我叫[redacted]、身份证号码 513[redacted]、我是都江堰[redacted]科技有限公司后勤部主任。

问：你什么时候在都江堰[redacted]科技有限公司工作的。

答：我从 2012 年 10 月开始在这工作的。

问：你在都江堰[redacted]科技有限公司工作职责是什么？

答：我主要负责财务工作以及对外联系。

问：都江堰[redacted]科技有限公司的仔猪出场时的检疫申报由谁负责？

答：都江堰[redacted]科技有限公司工作的仔猪出场时，我负责检疫申报工作，外销我都申报检疫了，转场时我没有申报过检疫。

问：以上笔录请你确认，是否与你所说的一致？

答：以上笔录共两页，我已阅，与我说的一致。 [redacted] 2017.9.8

以下空白。

执法人员签名或盖章：胡[redacted] 韩[redacted]、李[redacted]

被询问人签名或盖章：[redacted]　2017年9月8日

（共 2 页，第 2 页）

16

询 问 笔 录

询问时间： 2017 年 9 月 8 日 18 时 56 分至 19 时 15 分

询问地点：都江堰[redacted]科技有限公司门卫室

询问机关：成都市动物卫生监督所

询问人： 韩[redacted]　　执法证件号： 川 A1[redacted]

　　　　李[redacted]　　　　　　　　　川 A1[redacted]

　　　　胡[redacted]　　　　　　　　　川 A1[redacted]

记录人： 韩[redacted]

被询问人：姓名：唐[redacted]　　性别：女　　年龄：32 岁

　　身份证号：342[redacted]

　　联系电话：135[redacted]

　　工作单位：都江堰[redacted]科技有限公司

　　职务：场长

　　住址：都江堰市[redacted]

问：我们是成都市动物卫生监督所的执法人员（出示执法证件），现依法就都江堰[redacted]科技有限公司涉嫌运输依法应当检疫而未经检疫的生猪一案向你进行询问调查。你应当如实回答我们的询问并协助调查，作伪证要承担法律责任，你听清楚了吗？

答： 听清楚了，你们的执法证件我已确认。

执法人员签名或盖章：[redacted]

被询问人签名或盖章：[redacted] 2017.9.8

（第 1 页共 3 页）

17

笔 录 纸

问：根据《农业行政处罚程序规定》第三十六条第一款规定，你有权申请执法人员回避，你是否申请执法人员回避？

答：不需要回避。

问：你的姓名、身份证号码、工作单位及职务是什么？

答：我叫唐[redacted]、身份证号码342[redacted]、我是都江堰[redacted]科技有限公司养殖场场长。

问：你什么时候在都江堰[redacted]科技有限公司工作的。

答：我从2016年1月开始在都江堰[redacted]科技有限公司工作的。

问：都江堰[redacted]科技有限公司法定代表人岳[redacted]委托你接受调查能提供委托书吗。

答：目前提供不了，以后补来。

问：你在都江堰[redacted]科技有限公司工作职责是什么？

答：我主要负责生产。

问：都江堰[redacted]科技有限公司的仔猪出场去向有哪些？

答：转场到本公司配套场。

问：你公司的配套场有几个？

答：有1个。

问：你公司的配套场在哪里？

答：在崇州市[redacted]。

执法人员签名或盖章：胡[redacted]韩[redacted]李[redacted]

被询问人签名或盖章：唐[redacted] 2017.9.8

（第2页共3页）

笔　录　纸

问：你公司的配套场叫什么名字？

答：[redacted]家庭农场（[redacted]配套场）。

问：你公司仔猪转场到[redacted]家庭农场（[redacted]配套场）时到都江堰动物卫生监督机构申报过产地检疫吗？

答：没有。

问：以上笔录请你确认，是否与你所说的一致？

答：以上笔录共3页，我已阅，与我所说一致 [redacted] 2017.9.8

以下空白

执法人员签名或盖章：胡[redacted]郭[redacted]、李[redacted]

被询问人签名或盖章：唐[redacted]2017.9.8

（共 3 页，第 3 页）

询 问 笔 录

询问时间： 2017 年 9 月 11 日 16 时 50 分至 17 时 40 分

询问地点：都江堰[redacted]科技有限公司会议室

询问机关：成都市动物卫生监督所

询问人： 韩[redacted]　　执法证件号： 川 A1[redacted]

李[redacted]　　执法证件号： 川 A1[redacted]

记录人： 罗[redacted]

被询问人：姓名：唐[redacted]　　性别：女　　年龄：32 岁

身份证号：342[redacted]

联系电话：135[redacted]

工作单位：都江堰[redacted]科技有限公司

职务：场长

住址：都江堰市[redacted]

问：我们是成都市动物卫生监督所的执法人员（出示执法证件），现依法就都江堰[redacted]科技有限公司涉嫌运输依法应当检疫而未经检疫的生猪一案向你进行询问调查。你应当如实回答我们的询问并协助调查，作伪证要承担法律责任，你听清楚了吗？

答： 听清楚了，你们的执法证件我已确认。

执法人员签名或盖章：韩[redacted]、李[redacted]

被询问人签名或盖章：唐[redacted] 2017.9.11

（第 1 页共 4 页）

笔　录　纸

问： 根据《农业行政处罚程序规定》第三十六条第一款规定，你有权申请执法人员回避，你是否申请执法人员回避？

答：不需要回避。

问：你的姓名、身份证号码、工作单位及职务是什么？

答：我叫唐[redacted]、身份证号码342[redacted]、我是都江堰[redacted]科技有限公司的场长。

问：你什么时候在都江堰[redacted]科技有限公司工作的。

答:我从2016年1月开始在都江堰[redacted]科技有限公司工作的。

问：都江堰[redacted]科技有限公司法定代表人岳[redacted]委托你接受调查能提供委托书吗？

答：是的，我是受都江堰[redacted]科技有限公司法定代表人岳[redacted]委托，这是《委托书》。

问：你谈谈都江堰[redacted]科技有限公司的猪只转场到哪些场？

答：转到位于崇州市的[redacted]家庭农场（[redacted]配套场）。

问：[redacted]家庭农场（[redacted]配套场）与都江堰[redacted]科技有限公司是什么关系？

答：都江堰[redacted]科技有限公司因为场地有限，就在崇州市[redacted]租赁了一个养猪场，属于我们公司的养殖场地，

执法人员签名或盖章：[redacted]

被询问人签名或盖章：[redacted] 2017.9.11

（第2页共4页）

笔 录 纸

2017 年 6 月以后崇州市[redacted]家庭农场就归[redacted]农牧股份有限公司管理了。

问：你能提供都江堰[redacted]科技有限公司猪只转群记录单吗？

答：能提供，这是我们的记录单。

问：你能提供都江堰[redacted]科技有限公司猪只转群的价格凭证吗？

答：能提供我们公司的生猪调拨价格台账。

问：提供的生猪调拨价格台账是否属实？

答：属实。

问：请解释一下你提供的生猪调拨价格台账里面的金额是怎么来的？

答：我们公司的生猪转场是到内部配套场饲养，不是出售。这个价格是生猪成本价，是由公司自己测算的，用于成本管理。

问：请谈谈你公司调运检疫情况？

答：我公司在 2015 年 9 月 18 日前都申报了检疫，后因公司人员内部调整，导致对法律的理解错误，认为猪只转群是公司内部调拨，不需要检疫申报，从 2015 年 9 月 18 日之后对转场的生猪就

执法人员签名或盖章：[redacted]

被询问人签名或盖章：[redacted] 2017·9.11

（第 3 页，共 4 页）

笔 录 纸

没有去申报检疫。

问：你公司调拨台账里面2015年9月19日至2015年11月3日和2017年2月22日以后就没有记录了是怎么回事？

答：我们公司这个期间没有向[redacted]家庭农场（[redacted]配套场）调拨猪只。

问：从2015年11月4日到2017年2月22日，你公司调拨到[redacted]家庭农场（[redacted]配套场）是怎么运输的？

答：用集团公司的[redacted]货车运输。

问：你能为我们提供车辆信息和驾驶员的资料吗？

答：驾驶员是我公司的员工，罗[redacted]，车牌号是川A[redacted]。

问：以上笔录请你确认，是否与你所说的一致？

答：以上笔录共4页，已阅，与我所说一致。唐[redacted] 2017.9.11

以下空白。

执法人员签名或盖章：韩[redacted] 李[redacted]

被询问人签名或盖章：唐[redacted] 2017.9.11

（第4页，共4页）

询 问 笔 录

询问时间： 2017 年 9 月 12 日 13 时 40 分至 14 时 20 分

询问地点：崇州市[redacted]

询问机关：成都市动物卫生监督所

询问人： 韩[redacted]　　执法证件号：川 A[redacted]

　　　　李[redacted]　　执法证件号：川 A[redacted]

　　　　记录人：罗[redacted]

被询问人：姓名：荣[redacted]　　性别：男　　年龄：28 岁

　　　　身份证号：510[redacted]

　　　　联系电话：158[redacted]

　　　　工作单位：[redacted]农牧股份有限公司

　　　　职务：崇州[redacted]家庭农场场长

　　　　住址：双流县[redacted]

问：我们是成都市动物卫生监督所的执法人员（出示执法证件），现就都江堰[redacted]科技有限公司涉嫌运输依法应当检疫而未经检疫的生猪一案依法向你进行询问调查。你应当如实回答我们的询问并协助调查，作伪证要承担法律责任，你听清楚了吗？

答： 听清楚了，你们的执法证件我已确认。

执法人员签名或盖章：韩[redacted] 李[redacted]

被询问人签名或盖章：荣[redacted] 2017.9.12

（第 1 页共 4 页）

笔 录 纸

问：根据《农业行政处罚程序规定》第三十六条第一款规定，你有权申请执法人员回避，你是否申请执法人员回避？

答：不需要申请回避。

问：你的姓名、身份证号码、工作单位是什么？

答：我叫[redacted]、身份证号码 510[redacted]、我是[redacted]农牧股份有限公司的员工。

问：你什么时候在[redacted]农牧股份有限公司工作的？

答：我是 2014 年 7 月开始在[redacted]农牧股份有限公司工作的。

问：你在[redacted]农牧股份有限公司承担什么工作？

答：公司派我到崇州[redacted]家庭农场做驻场场长。

问：你在这个场的具体工作是什么？

答：我负责这个场的管理和运作。

问：崇州[redacted]家庭农场与都江堰[redacted]科技有限公司是什么关系？

答：崇州[redacted]家庭农场是[redacted]农牧股份有限公司向解[redacted]租赁作为都江堰[redacted]科技有限公司的配套场。

问：你能提供租赁合同？

答：能。

执法人员签名或盖章：[redacted]

被询问人签名或盖章：[redacted] 2017.9.12

（[redacted]共 4 页）

笔　录　纸

问：为什么租赁合同的出租方是林[redacted]？

答：林[redacted]是解[redacted]的丈夫。

问：租赁合同为什么是养殖器具租赁合同？

答：因为场地租赁合同需要提供土地使用证，所以就签的养殖器具租赁合同，但实际上包含了场地、房屋、圈舍和养殖器具的租赁。

问：2016年8月5日之前是否租赁崇州[redacted]家庭农场作为都江堰[redacted]科技有限公司的配套场？

答：是的。

问：你能否提供2016年8月5日之前租赁崇州[redacted]家庭农场的合同？

答：找不到了。

问：[redacted]农牧股份有限公司与都江堰[redacted]科技有限公司是什么关系？

答：都江堰[redacted]科技有限公司是[redacted]农牧股份有限公司的子公司。

问：崇州[redacted]家庭农场的动物防疫条件合格证上的地址与营业执照上的地址为什么不一致？

执法人员签名或盖章：[redacted]

被询问人签名或盖章：[redacted] 2017.9.12

[redacted]页共4页）

26

笔 录 纸

答：其实是一个地址，只是出证机关采用的地名不一样。

问：请你确认下都江堰[redacted]科技有限公司调拨台账共 5 页的内容是否属实？

答：我确认属实。

问：都江堰[redacted]科技有限公司向你场调拨仔猪是由谁运输的？

答：是由[redacted]农牧股份有限公司货车驾驶员罗[redacted]运输的。

问：罗[redacted]运输的车辆是什么？

答：是一辆东风[redacted]卡货车，车牌号是川 A[redacted]。

问：都江堰[redacted]科技有限公司向你场调拨仔猪是否附有《动物检疫合格证明》？

答：因为是内转，没有《动物检疫合格证明》。

问：以上笔录请你确认，是否与你所说的一致？

答：以上笔录共4页，已阅读，与我所说一致。

执法人员签名或盖章：[redacted]

被询问人签名或盖章：[redacted] 2017.9.12

[redacted]页共 4 页）

27

询问笔录

询问时间： 2017 年 9 月 12 日 11 时 40 分至 12 时 20 分

询问地点：崇州市[redacted]

询问机关：成都市动物卫生监督所

询问人： 韩[redacted]　　　　执法证件号： 川 A1[redacted]

　　　　李[redacted]　　　　执法证件号： 川 A1[redacted]

　　　　记录人： 罗[redacted]

被询问人：姓名：罗[redacted]　　　　性别：男　　　　年龄：44 岁

　　　　　身份证号：510[redacted]

　　　　　联系电话：135[redacted]

　　　　　工作单位：[redacted]农牧股份有限公司

　　　　　职务：无

　　　　　住址：邛崃市[redacted]

问：我们是成都市动物卫生监督所的执法人员（出示执法证件），现就都江堰[redacted]科技有限公司涉嫌运输依法应当检疫而未经检疫的生猪一案依法向你进行询问调查。你应当如实回答我们的询问并协助调查，作伪证要承担法律责任，你听清楚了吗？

答： 听清楚了，你们的执法证件我已确认。

执法人员签名或盖章：韩[redacted]、李[redacted]

被询问人签名或盖章：[redacted]

（第 1 页共 3 页）

笔 录 纸

问：根据《农业行政处罚程序规定》第三十六条第一款规定，你有权申请执法人员回避，你是否申请执法人员回避？

答：不需要申请回避。

问：你的姓名、身份证号码、工作单位是什么？

答：我叫罗[redacted]、身份证号码510[redacted]、我是[redacted]农牧股份有限公司的驾驶员。

问：你什么时候在[redacted]农牧股份有限公司工作的？

答：我是2008年9月开始在[redacted]农牧股份有限公司工作的。

问：你在[redacted]农牧股份有限公司承担什么工作？

答：我是公司的货运驾驶人。

问：你具体运输什么货物？

答：我负责运输公司内部转群的仔猪。

问：都江堰[redacted]科技有限公司转群到崇州[redacted]家庭农场的全部是仔猪吗？

答：全部是仔猪。

问：这些仔猪由谁负责运输的？

答：全部由我负责运输。

问：那你运输的车辆是谁的？

答：运输的车辆是[redacted]农牧股份有限公司的。

执法人员签名或盖章：[redacted]

被询问人签名或盖章：[redacted]

（第2页共3页）

29

笔　录　纸

问：你能提供车辆的行驶证吗？

答：能提供。

问：车辆的牌照号码是什么？

答：车辆是东风[redacted]卡，牌照是川 A[redacted]。

问：你转群运输的仔猪取得《动物检疫合格证明》吗？

答：没有。

问：你运输公司内部的转群仔猪谁付给你运费？

答：没有运费，公司只给我付工资。

问：以上笔录请你确认，是否与你所说的一致？

答：以上笔录共3页，我已看过，与我所说的一致。

（以下空白）

执法人员签名或盖章：[redacted]

被询问人签名或盖章：[redacted]

（第 3 页共 3 页）

30

询 问 笔 录

询问时间： 2017年9月14日10时28分至10时50分

询问地点：武侯区[redacted]成都市动物卫生监督所408室

询问机关：成都市动物卫生监督所

询问人： 韩[redacted] 执法证件号： 川A1[redacted]

罗[redacted] 执法证件号： 川A1[redacted]

记录人： 韩[redacted]

被询问人：姓名：唐[redacted] 性别：女 年龄：32岁

身份证号：342[redacted]

联系电话：135[redacted]

工作单位：都江堰[redacted]科技有限公司

职务：场长

住址：都江堰市[redacted]

问：我们是成都市动物卫生监督所的执法人员（出示执法证件），现依法就都江堰[redacted]科技有限公司涉嫌运输依法应当检疫而未经检疫的生猪一案向你进行补充询问调查。你应当如实回答我们的询问并协助调查，作伪证要承担法律责任，你听清楚了吗？

答： 听清楚了，你们的执法证件我已确认。

执法人员签名或盖章：罗[redacted] 韩[redacted]

被询问人签名或盖章：唐[redacted] 2017.9.14.

（第1页共2页）

笔 录 纸

问： 根据《农业行政处罚程序规定》第三十六条第一款规定，你有权申请执法人员回避，你是否申请执法人员回避？

答：不需要回避。

问：请你谈谈都江堰[redacted]科技有限公司与[redacted]农牧股份有限公司的关系？

答：我们公司是[redacted]农牧股份有限公司的子公司。

问：都江堰[redacted]科技有限公司向配套场调拨仔猪的成本价是怎么核算的？

答：成本价主要包括种猪折旧、固定资产折旧、饲料成本、人工成本、兽药疫苗成本和水电费用等。

问：你能提供你和聂[redacted]是都江堰[redacted]科技有限公司员工的证明吗？

答：能，这是我们公司出具的证明（唐[redacted]向执法人员提供了都江堰[redacted]科技有限公司出具的证明）。

问：你还有补充吗？

答：没有。

问：以上笔录请你确认，是否与你所说的一致？

答：以上笔录共2页，我已阅，与我所说的一致.

执法人员签名或盖章：[redacted]

被询问人签名或盖章：唐[redacted] 2017.9.14.

（第2页共2页）

询 问 笔 录

询问时间：2017 年 9 月 14 日 9 时 15 分至 10 时 20 分

询问地点：武侯区[redacted]成都市动物卫生监督所 408 室

询问机关：成都市动物卫生监督所

询问人：　韩[redacted]　　　执法证件号：　川 A1[redacted]

　　　　　罗[redacted]　　　执法证件号：　川 A1[redacted]

记录人：　韩[redacted]

被询问人：姓名 李[redacted]　性别 男　年龄 33 岁

　　　　　身份证号：511[redacted]

　　　　　联系电话：139[redacted]

　　　　　工作单位：[redacted]农牧股份有限公司

　　　　　职务：生产部经理

　　　　　住址：四川省崇州市[redacted]

问：我们是成都市动物卫生监督所的执法人员（出示执法证件），现就都江堰[redacted]科技有限公司涉嫌运输依法应当检疫而未经检疫的生猪依法向你进行询问调查。你应当如实回答我们的询问并协助调查，作伪证要承担法律责任，你听清楚了吗？

答：听清楚了，你们的执法证件我已确认。

问：根据《农业行政处罚程序规定》第三十六条第一款的规定，

执法人员签名或盖章：[redacted]

被询问人签名或盖章：[redacted]

（第 1 页共 3 页）

笔　录　纸

你有权申请执法人员回避，你是否申请执法人员回避？

答：不需要申请回避。

问：你的姓名、身份证号码、工作单位及职务是什么？

答：我叫李[redacted]、身份证号码：511[redacted]、我是[redacted]农牧股份有限公司生产部经理。

问：请你提供身份证复印件？

答：这是我的身份证复印件。

问：你什么时候在[redacted]农牧股份有限公司工作的。

答：我从 2013 年 2 月开始在这工作的。

问：你在[redacted]农牧股份有限公司工作职责是什么？

答：我主要负责集团公司所有种猪场的生产管理。

问：都江堰[redacted]科技有限公司与[redacted]农牧股份有限公司之间是什么关系？

答：都江堰[redacted]科技有限公司是[redacted]农牧股份有限公司的子公司。

问：[redacted]农牧股份有限公司和其子公司内部调拨仔猪的价格核算方式是否一样？

答：一样的，都是成本价核算，主要用于成本管理。

问：[redacted]农牧股份有限公司所有种猪场内部调拨仔猪的成本价是怎么核算的？

答：成本价主要包括种猪折旧、固定资产折旧、饲料成本、人工

执法人员签名或盖章：

被询问人签名或盖章：

（第 2 页共 3 页）

成本、兽药疫苗成本和水电费用等。

问：罗[redacted]和荣[redacted]是你们公司的员工吗？

答：是的，这是我们公司出具的证明（李[redacted]向执法人员提供了[redacted]农牧股份有限公司出具的证明）。

问：崇州市[redacted]家庭农场和[redacted]农牧股份有限公司是什么关系？

答：是我公司租赁，作为都江堰[redacted]科技有限公司的配套场。

问：谁在崇州市[redacted]家庭农场负责？

答：我们派[redacted]去任场长。

问：都江堰[redacted]科技有限公司仔猪转场到崇州市[redacted]家庭农场是怎么运输的？

答：由[redacted]农牧股份有限公司统一安排罗[redacted]运输，车辆是东风[redacted]卡，车牌号是川A[redacted]。

问：有收取运输费用吗？

答：因为是母子公司关系，属于集团内正常工作安排，没有收取都江堰[redacted]科技有限公司任何费用。

问：你还有补充吗？

答：没有。

问：以上笔录请你确认，是否与你所说的一致？

答：以上笔录共3页，我已确认，与我所说的一致。（以下无内容）

执法人员签名或盖章：[redacted]

被询问人签名或盖章：[redacted]

（第 3 页，共 3 页）

35

询 问 笔 录

询问时间： 2017 年 9 月 15 日 17 时 08 分至 17 时 45 分

询问地点：武侯区[redacted]成都市动物卫生监督所 408 室

询问机关：成都市动物卫生监督所

询问人： 韩[redacted] 执法证件号： 川 A1[redacted]

罗[redacted] 执法证件号： 川 A1[redacted]

记录人： 韩[redacted]

被询问人：姓名：唐[redacted] 性别：女 年龄：32 岁

身份证号：342[redacted]

联系电话：135[redacted]

工作单位：都江堰[redacted]科技有限公司

职务：场长

住址：都江堰市[redacted]

问：我们是成都市动物卫生监督所的执法人员（出示执法证件），现依法就都江堰[redacted]科技有限公司涉嫌运输依法应当检疫而未经检疫的生猪一案向你进行补充询问调查。你应当如实回答我们的询问并协助调查，作伪证要承担法律责任，你听清楚了吗？

答： 听清楚了，你们的执法证件我已确认。

执法人员签名或盖章：[redacted]

被询问人签名或盖章：[redacted] 2017.9.15

（第 1 页共 3 页）

笔　录　纸

问：根据《农业行政处罚程序规定》第三十六条第一款规定，你有权申请执法人员回避，你是否申请执法人员回避？

答：不需要回避。

问：我们在 2017 年 9 月 11 日询问你时，你说崇州市[redacted]家庭农场是你公司租用的，是怎么回事？

答：当时我表达有误，[redacted]农牧股份有限公司和都江堰[redacted]科技有限公司是母子公司关系，实际上崇州市[redacted]家庭农场是[redacted]农牧股份有限公司租用作为我们公司的配套场，有租赁合同。

问：我们在 2017 年 9 月 11 日询问你时，你说罗[redacted]是你公司员工，是怎么回事？

答：还是表达有误，罗[redacted]实际上是[redacted]农牧股份有限公司的员工。

问：你能提供都江堰[redacted]科技有限公司是[redacted]农牧股份有限公司子公司的证明材料吗？

答：能，这是都江堰[redacted]科技有限公司章程（唐[redacted]当场向执法人员提供了都江堰[redacted]科技有限公司的章程，执法人员提取了章程的第 1、2 和 13 页）。

问：章程里面股东名称怎么是成都[redacted]有限公司？

答：成都[redacted]有限公司的名称经过了两次变更，现在名称是[redacted]农牧股份有限公司。

执法人员签名或盖章：[redacted]

被询问人签名或盖章：[redacted] 2017.9.15

（第 2 页共 3 页）

笔　录　纸

问：你能提供变更证明吗？

答：能，这是两次变更的《准予变更登记通知书》。

问：你们公司运输生猪到崇州市[redacted]家庭农场的运输费用是怎么结算的？

答：我们公司使用母公司的车辆都没有支付过运输费用。

问：转运到崇州市[redacted]家庭农场的生猪以后出售的收入归哪个公司？

答：归我们公司。

问：你还有补充吗？

答：没有。

问：以上笔录请你确认，是否与你所说的一致？

答：以上笔录共3页，我已阅与我所说一致。

（以下空白）

执法人员签名或盖章：[redacted]

被询问人签名或盖章：[redacted] 2017.9.15

（第3页共3页）

询 问 笔 录

询问时间：2017 年 9 月 15 日 16 时 20 分至 17 时 00 分

询问地点：武侯区[redacted]成都市动物卫生监督所 408 室

询问机关：成都市动物卫生监督所

询问人： 韩[redacted] 执法证件号： 川 A1[redacted]

罗[redacted] 执法证件号： 川 A1[redacted]

记录人： 韩[redacted]

被询问人：姓名 李[redacted] 性别 男 年龄 33 岁

身份证号：511[redacted]

联系电话：139[redacted]

工作单位：[redacted]农牧股份有限公司

职务：生产部经理

住址：四川省崇州市[redacted]

问：我们是成都市动物卫生监督所的执法人员（出示执法证件），现就都江堰[redacted]科技有限公司涉嫌运输依法应当检疫而未经检疫的生猪依法向你进行询问调查。你应当如实回答我们的询问并协助调查，作伪证要承担法律责任，你听清楚了吗？

答：听清楚了，你们的执法证件我已确认。

问：根据《农业行政处罚程序规定》第三十六条第一款的规定，

执法人员签名或盖章：[redacted]

被询问人签名或盖章：[redacted]

（第 1 页共 3 页）

笔 录 纸

你有权申请执法人员回避，你是否申请执法人员回避？

答：不需要申请回避。

问：你能提供[redacted]农牧股份有限公司的营业执照吗？

答：能提供，这是我们公司的营业执照。

问：你能否提供2016年8月5日以前[redacted]农牧股份有限公司租赁崇州[redacted]家庭农场的合同吗？

答：可以，我马上提供2014年7月15日到2016年7月14日期间[redacted]农牧股份有限公司租赁崇州市[redacted]家庭农场的合同。

问：[redacted]农牧股份有限公司租用崇州市[redacted]家庭农场作为都江堰[redacted]科技有限公司配套场，能证明吗？

答：能证明，支付租金是[redacted]农牧股份有限公司代支付的，[redacted]农牧股份有限公司有转账通知单，注明了是代付都江堰配套场的租金。

问：能提供支付租金的凭据和转账通知单吗？

答：能，这是机打发票复印件和转账通知单。

问：都江堰[redacted]科技有限公司运输生猪到崇州市[redacted]家庭农场的运输费用是怎么结算的？

答：考虑到是母子公司的关系，运输费用就没有单独计算，直接计入[redacted]农牧股份有限公司的成本。

执法人员签名或盖章：韩[redacted] [redacted]

被询问人签名或盖章：李[redacted]

（第2页共3页）

笔　录　纸

问：都江堰　　科技有限公司需要转运生猪时由谁安排？

答：都江堰　　科技有限公司在安排，我们公司的子公司都没有车辆，母公司的车辆各子公司都有使用权，只要提出申请就可以使用。

问：转运到崇州市　　家庭农场的生猪以后出售的收入归哪个公司？

答：归都江堰　　科技有限公司。

问：你还有什么补充？

答：没有了。

问：以上笔录请你确认，是否与你所说的一致？

答：是，以上笔录共3页，我已阅读，与我所说一致。以下空白。

李

执法人员签名或盖章：

被询问人签名或盖章：李

（第3页共3页）

询问笔录

询问时间：2017 年 9 月 20 日 9 时 40 分至 10 时 49 分

询问地点：武侯区[redacted]成都市动物卫生监督所 408 室

询问机关：成都市动物卫生监督所

询问人：韩[redacted]　　　执法证件号：川 A1[redacted]

　　　　罗[redacted]　　　执法证件号：川 A1[redacted]

记录人：罗[redacted]

被询问人：姓名：唐[redacted]　　性别：女　　年龄：32 岁

　　身份证号：342[redacted]

　　联系电话：135[redacted]

　　工作单位：都江堰[redacted]科技有限公司

　　职务：场长

　　住址：都江堰市[redacted]

问：我们是成都市动物卫生监督所的执法人员（出示执法证件），现依法就都江堰[redacted]科技有限公司涉嫌运输依法应当检疫而未经检疫的生猪一案向你进行询问调查。你应当如实回答我们的询问并协助调查，作伪证要承担法律责任，你听清楚了吗？

答：听清楚了，你们的执法证件我已确认。

问：根据《农业行政处罚程序规定》第三十六条第一款规定，你有权申请执法人员回避，你是否申请执法人员回避？

被询问人签名或盖章：唐[redacted] 2019.9.20　　见证人签名或盖章：

执法人员签名或盖章：韩[redacted]、罗[redacted]

第 1 页 共 3 页

笔 录 纸

答：不需要回避。

问：都江堰[redacted]科技有限公司调拨到崇州[redacted]家庭农场猪只最后出栏所得的款项归属于谁？

答：归我们公司所有。

问：你能提供相应的证明材料吗？

答：可以，这里有一套猪场种猪销售通知单、记账凭证和银行入账单据（唐[redacted]向执法人员提交猪场种猪销售通知单、记账凭证和上海浦东发展银行（浦发成都都江堰支行）贷记通知的复印件各一份共 3 页）。

问：能说明下猪场种猪销售通知单是怎么回事吗？

答：是 2016 年 8 月 11 日我公司销售给客户唐[redacted]的一张销售通知单，是通过我们公司内部[redacted]系统形成的，用于通知我公司的配套场崇州[redacted]家庭农场进行出栏的猪只交割的售价 2500 元。

问：能说明下记账凭证是怎么回事吗？

答：是 8 月 11 日销售给客户唐[redacted]所记得账目，共计 2500 元。其中，2480.5 元计入了我公司开户行浦发银行都江堰支行银行存款项目，19.5 元计入手续费支出的财务费用。

问：记账凭证上的日期怎么是 2016 年 8 月 29 日？

答：公司是每个月月底结帐，才产生记账凭证，记账凭证的摘要里写清是 8 月 11 日销售的收入。

被询问人签名或盖章：[redacted] 2017.9.20　见证人签名或盖章：

执法人员签名或盖章：[redacted]

第 2 页 共 3 页

笔 录 纸

问：能说明下银行收款单据是怎么回事吗？

答：是8月12日客户唐[redacted]刷卡支付猪只货款后，浦发银行都江堰支行银行出具的入账通知单，其中入账2480.5元，手续费19.5元。

问：你还有补充吗？

答：没有。

问：以上笔录请你确认，是否与你所说的一致？

答：以上笔录共3页，我已阅，与我所说一致。唐[redacted]7.9.20.

以下空白

被询问人签名或盖章：唐[redacted]2017.9.20　见证人签名或盖章：

执法人员签名或盖章：[redacted]

第 3 页 共 3 页

44

现场检查笔录

时间：2017 年 9 月 8 日 16 时 30 分至 18 时 00 分

检查地点：都江堰[redacted]科技有限公司（都江堰[redacted]）

当事人：都江堰[redacted]科技有限公司

检查机关：成都市动物卫生监督所

检查人员： 韩[redacted] 执法证件号：川 A1[redacted]

罗[redacted] 执法证件号：川 A1[redacted]

胡[redacted] 执法证件号：川 A1[redacted]

记录人：罗[redacted]

现场检查情况：成都市动物卫生监督所执法人员会同都江堰市动物卫生监督所执法人员向都江堰[redacted]科技有限公司场长唐[redacted]出示执法证件后，对位于都江堰[redacted]的都江堰[redacted]科技有限公司种猪场进行了执法检查。检查时发现，该场的仔猪在出场时未到当地动物卫生监督机构申报产地检疫。执法人员现场电话联系了都江堰[redacted]科技有限公司法定代表人岳[redacted]，岳[redacted]当时正在外地出差无法到现场，同意委托该场场长唐[redacted]接受调查。执法人员现场提取了：《动物防疫条件合格证》正本复印件一份、《营业执照》副本复印件一份、

当事人签名或盖章：（见证人签名或盖章：唐[redacted] 2017.9.8

执法人员签名或盖章：[redacted]

（第 1 页共 2 页）

45

笔 录 纸

《种畜禽生产经营许可证》副本复印件一份，以及都江堰[redacted]科技有限公司法定代表人岳[redacted]、场长唐[redacted]、后勤主任聂[redacted]的身份证复印件各一份；提取了该公司 2015 年 9 月 9 日到 2017 年 9 月 8 日的调拨台账打印件 5 页；执法人员对都江堰[redacted]科技有限公司进行了拍照取证。

当事人签名或盖章：（见证人签名或盖章：唐[redacted]17.9.8

执法人员签名或盖章：[redacted]

（第 2 页共 2 页）

现场勘验笔录

时间：2017 年 9 月 11 日 16 时 10 分至 16 时 45 分

勘验地点：都江堰[redacted]科技有限公司（都江堰市[redacted]）

当事人：都江堰[redacted]科技有限公司

勘验机关：成都市动物卫生监督所

勘验人员：韩[redacted]　　执法证件号：川 A1[redacted]

李[redacted]　　执法证件号：川 A1[redacted]

沈[redacted]　　执法证件号：川 A1[redacted]

胡[redacted]　　执法证件号：川 A1[redacted]

记录人：李[redacted]

现场勘验情况：成都市动物卫生监督所和都江堰市动物卫生监督所执法人员向都江堰[redacted]科技有限公司场长唐[redacted]出示执法证件后，对该公司进行了现场勘验，该公司位于都江堰市[redacted]，具体位置见示意图 1、2。

当事人签名或盖章：唐[redacted] 2017.9.11（见证人签名或盖章：

执法人员签名或盖章：沈[redacted] 胡[redacted] 韩[redacted] 李[redacted]

（第 1 页共 1 页）

47

都江堰[redacted]科技有限公司位置示意图 1

说明：本示意图从高德地图截取。

提取人：

提取时间：2017 年 9 月 11 日

都江堰　　　　科技有限公司位置示意图 2

说明：本示意图从高德地图截取。

提取人：

提取时间：2017 年 9 月 11 日　　属实　　17.9.11

49

现场检查笔录

时间：2017 年 9 月 11 日 15 时 30 分至 17 时 20 分

检查地点：都江堰[redacted]科技有限公司（都江堰[redacted]）

当事人：都江堰[redacted]科技有限公司

检查机关：成都市动物卫生监督所

检查人员： 韩[redacted] 执法证件号：川 A1[redacted]

罗[redacted] 执法证件号：川 A1[redacted]

记录人：罗[redacted]

现场检查情况：成都市动物卫生监督所执法人员向都江堰[redacted]科技有限公司种猪场场长唐[redacted]出示执法证件后，对位于都江堰[redacted]的都江堰[redacted]科技有限公司种猪场进行现场调查取证，现场收集了《授权委托书》一份、《猪只转群记录单》26 页、《都江堰[redacted]科技有限公司生猪调拨价格台账》5 页。

当事人签名或盖章：唐[redacted] 17.9.11（见证人签名或盖章： ）

执法人员签名或盖章：罗[redacted] 韩[redacted]

（第 1 页共 1 页）

50

现场检查笔录

时间：2017 年 9 月 12 日 11 时 30 分至 15 时 10 分

检查地点：崇州市[redacted]崇州市[redacted]家庭农场

当事人：都江堰[redacted]科技有限公司

检查机关：成都市动物卫生监督所

检查人员：　韩[redacted]　　执法证件号：川 A1[redacted]

　　　　　　罗[redacted]　　执法证件号：川 A1[redacted]

记录人：罗[redacted]

现场检查情况：成都市动物卫生监督所执法人员出示执法证件后，对位于崇州市[redacted]的崇州市[redacted]家庭农场进行了执法检查。执法人员对[redacted]家庭农场的场地、运输车辆、《动物防疫条件合格证》正本和《营业执照》副本进行了拍照取证，现场提取了罗[redacted]和荣[redacted]的身份证复印件各一份、罗[redacted]的机动车驾驶证、川 A[redacted] 机动车行驶证复印件各一份、养殖器具租赁合同复印件共 3 页。

当事人签名或盖章：[redacted] 17.9.12（见证人签名或盖章：[redacted] 17.9.12

执法人员签名或盖章：[redacted]

（第 1 页共 1 页）

都江堰 科技有限公司 调拨台帐

单据编号	手工单号	调拨时间	调入分场	品种	性别	数量
DD00000016	2001321	2015.11.04	配套场	杜洛克	公	4.
DD00000016	2001321	2015.11.04	配套场	长白猪	公	2.
DD00000016	2001321	2015.11.04	配套场	大约克	公	11.
DD00000016	2001321	2015.11.04	配套场	大约克	母	59.
DD00000016	2001321	2015.11.04	配套场	长白猪	母	43.
DD00000016	2001321	2015.11.04	配套场	大约克	公	6.
DD00000016	2001321	2015.11.04	配套场	长白猪	公	7.
DD00000016	2001321	2015.11.04	配套场	杜洛克	公	10.
DD00000016	2001321	2015.11.04	配套场	长白猪	公	5.
DD00000016	2001321	2015.11.04	配套场	大约克	公	11.
DD00000017	2001322	2015.12.02	配套场	杜洛克	母	6.
DD00000017	2001322	2015.12.02	配套场	长白猪	母	23.
DD00000017	2001322	2015.12.02	配套场	大约克	母	82.
DD00000017	2001322	2015.12.02	配套场	杜洛克	公	5.
DD00000017	2001322	2015.12.02	配套场	长白猪	公	3.
DD00000017	2001322	2015.12.02	配套场	大约克	公	12.
DD00000017	2001322	2015.12.02	配套场	杜洛克	母	5.
DD00000017	2001322	2015.12.02	配套场	长白猪	母	8.
DD00000017	2001322	2015.12.02	配套场	大约克	母	16.
DD00000017	2001322	2015.12.02	配套场	杜洛克	公	1.
DD00000017	2001322	2015.12.02	配套场	长白猪	公	2.
DD00000017	2001322	2015.12.02	配套场	大约克	公	2.
DD00000018	2001323	2015.12.22	配套场	长白猪	公	2.
DD00000018	2001323	2015.12.22	配套场	大约克	公	7.
DD00000018	2001323	2015.12.22	配套场	杜洛克	公	1.
DD00000018	2001323	2015.12.22	配套场	大约克	母	5.
DD00000018	2001323	2015.12.22	配套场	杜洛克	母	3.
DD00000018	2001323	2015.12.22	配套场	长白猪	母	7.
DD00000018	2001323	2015.12.22	配套场	大约克	母	6.
DD00000018	2001323	2015.12.22	配套场	长白猪	公	2.
DD00000018	2001323	2015.12.22	配套场	大约克	公	8.
DD00000018	2001323	2015.12.22	配套场	杜洛克	公	1.
DD00000018	2001323	2015.12.22	配套场	长白猪	母	24.
DD00000018	2001323	2015.12.22	配套场	大约克	母	50.
DD00000018	2001323	2015.12.22	配套场	杜洛克	母	2.
DD00000018	2001323	2015.12.22	配套场	长白猪	母	16.
DD00000018	2001323	2015.12.22	配套场	大约克	母	53.
DD00000018	2001323	2015.12.22	配套场	杜洛克	母	4.

已确认属实

2017.9.12

DD00000018	2001323	2015.12.22	[redacted]配套场	长白猪	[illegible]	3.
DD00000018	2001323	2015.12.22	[redacted]配套场	大约克	公	22.
DD00000018	2001323	2015.12.22	[redacted]配套场	杜洛克	[illegible]	2.
DD00000018	2001323	2015.12.22	[redacted]配套场	长白猪	母	10.
DD00000018	2001323	2015.12.22	[redacted]配套场	大约克	母	50.
DD00000018	2001323	2015.12.22	[redacted]配套场	杜洛克	母	8.
DD00000018	2001323	2015.12.22	[redacted]配套场	大约克	母	4.
DD00000019	2001324	2016.01.05	[redacted]配套场	长白猪	公	3.
DD00000019	2001324	2016.01.05	[redacted]配套场	大约克	公	9.
DD00000019	2001324	2016.01.05	[redacted]配套场	杜洛克	公	9.
DD00000019	2001324	2016.01.05	[redacted]配套场	长白猪	母	17.
DD00000019	2001324	2016.01.05	[redacted]配套场	大约克	母	28.
DD00000019	2001324	2016.01.05	[redacted]配套场	杜洛克	母	4.
DD00000019	2001324	2016.01.05	[redacted]配套场	大约克	母	10.
DD00000020	2001325	2016.01.15	[redacted]配套场	大约克	公	19.
DD00000020	2001325	2016.01.15	[redacted]配套场	大约克	母	38.
DD00000020	2001325	2016.01.15	[redacted]配套场	杜洛克	公	3.
DD00000020	2001325	2016.01.15	[redacted]配套场	杜洛克	母	10.
DD00000020	2001325	2016.01.15	[redacted]配套场	长白猪	母	10.
DD00000021	2001326	2016.03.15	[redacted]配套场	杜洛克	公	5.
DD00000021	2001326	2016.03.15	[redacted]配套场	长白猪	母	20.
DD00000021	2001326	2016.03.15	[redacted]配套场	大约克	母	45.
DD00000021	2001326	2016.03.15	[redacted]配套场	长白猪	公	15.
DD00000021	2001326	2016.03.15	[redacted]配套场	长白猪	母	27.
DD00000021	2001326	2016.03.15	[redacted]配套场	大约克	母	48.
DD00000022	2001327	2016.03.26	[redacted]配套场	杜洛克	公	2.
DD00000022	2001327	2016.03.26	[redacted]配套场	长白猪	公	1.
DD00000022	2001327	2016.03.26	[redacted]配套场	大约克	公	10.
DD00000022	2001327	2016.03.26	[redacted]配套场	杜洛克	母	6.
DD00000022	2001327	2016.03.26	[redacted]配套场	长白猪	母	16.
DD00000022	2001327	2016.03.26	[redacted]配套场	大约克	母	40.
DD00000022	2001327	2016.03.26	[redacted]配套场	杜洛克	公	5.
DD00000024	2001329	2016.04.23	[redacted]配套场	大约克	公	16.
DD00000024	2001329	2016.04.23	[redacted]配套场	杜洛克	母	3.
DD00000024	2001329	2016.04.23	[redacted]配套场	大约克	母	63.
DD00000024	2001329	2016.04.23	[redacted]配套场	长白猪	母	17.
DD00000025	20001330	2016.04.29	[redacted]配套场	大约克	公	17.
DD00000025	20001330	2016.04.29	[redacted]配套场	长白猪	公	5.
DD00000025	20001330	2016.04.29	[redacted]配套场	大约克	母	38.
DD00000025	20001330	2016.04.29	[redacted]配套场	长白猪	母	37.
DD00000025	20001330	2016.04.29	[redacted]配套场	杜洛克	母	8.

[redacted]科技有限公司 510181501537

已核对属实

[redacted] 2017·9·12

DD00000025	20001330	2016.04.29	[redacted]配套场	大约克	[redacted]	55.
DD00000026	2001331	2016.05.30	[redacted]配套场	杜洛克	公	10.
DD00000026	2001331	2016.05.30	[redacted]配套场	杜洛克	母	[illegible]
DD00000026	2001331	2016.05.30	[redacted]配套场	大约克	公	10.
DD00000026	2001331	2016.05.30	[redacted]配套场	大约克	母	61.
DD00000026	2001331	2016.05.30	[redacted]配套场	长白猪	母	31.
DD00000026	2001331	2016.05.30	[redacted]配套场	杜洛克	公	3.
DD00000026	2001331	2016.05.30	[redacted]配套场	大约克	公	10.
DD00000026	2001331	2016.05.30	[redacted]配套场	长白猪	公	15.
DD00000027	2001332	2016.06.17	[redacted]配套场	长白猪	母	20.
DD00000027	2001332	2016.06.17	[redacted]配套场	大约克	母	46.
DD00000027	2001332	2016.06.17	[redacted]配套场	杜洛克	母	13.
DD00000027	2001332	2016.06.17	[redacted]配套场	大约克	母	1.
DD00000028	2001333	2016.06.25	[redacted]配套场	大约克	公	2.
DD00000028	2001333	2016.06.25	[redacted]配套场	大约克	母	2.
DD00000028	2001333	2016.06.25	[redacted]配套场	长白猪	公	3.
DD00000028	2001333	2016.06.25	[redacted]配套场	长白猪	母	15.
DD00000028	2001333	2016.06.25	[redacted]配套场	杜洛克	公	19.
DD00000028	2001333	2016.06.25	[redacted]配套场	杜洛克	母	3.
DD00000028	2001333	2016.06.25	[redacted]配套场	大约克	公	12.
DD00000028	2001333	2016.06.25	[redacted]配套场	大约克	母	41.
DD00000028	2001333	2016.06.25	[redacted]配套场	长白猪	母	13.
DD00000029	2001334	2016.07.13	[redacted]配套场	大约克	公	20.
DD00000029	2001334	2016.07.13	[redacted]配套场	大约克	母	15.
DD00000029	2001334	2016.07.13	[redacted]配套场	杜洛克	公	8.
DD00000029	2001334	2016.07.13	[redacted]配套场	杜洛克	母	9.
DD00000029	2001334	2016.07.13	[redacted]配套场	长白猪	公	9.
DD00000029	2001334	2016.07.13	[redacted]配套场	长白猪	母	39.
DD00000029	2001334	2016.07.13	[redacted]配套场	大约克	母	13.
DD00000029	2001334	2016.07.13	[redacted]配套场	大约克	母	67.
DD00000030	2001335	2016.07.19	[redacted]配套场	大约克	母	62.
DD00000030	2001335	2016.07.19	[redacted]配套场	杜洛克	母	2.
DD00000030	2001335	2016.07.19	[redacted]配套场	长白猪	母	15.
DD00000032	2001339	2016.08.13	[redacted]配套场	大约克	母	37.
DD00000032	2001339	2016.08.13	[redacted]配套场	长白猪	母	9.
DD00000032	2001339	2016.08.13	[redacted]配套场	杜洛克	母	4.
DD00000033	2001340	2016.08.14	[redacted]配套场	杜洛克	母	4.
DD00000033	2001340	2016.08.14	[redacted]配套场	大约克	母	31.
DD00000033	2001340	2016.08.14	[redacted]配套场	长白猪	母	15.
DD00000034	2001341	2016.08.14	[redacted]配套场	杜洛克	母	2.
DD00000034	2001341	2016.08.14	[redacted]配套场	大约克	母	23.

已确认属实

[redacted] 2017.9.12

DD00000034	2001341	2016.08.14	[redacted]配套场	长白猪	[redacted]	25.
DD00000035	2001342	2016.08.15	[redacted]配套场	杜洛克	公	15.
DD00000035	2001342	2016.08.15	[redacted]配套场	大约克	公	5.
DD00000035	2001342	2016.08.15	[redacted]配套场	杜洛克	母	[illegible]
DD00000035	2001342	2016.08.15	[redacted]配套场	长白猪	母	13.
DD00000035	2001342	2016.08.15	[redacted]配套场	长白猪	公	4.
DD00000035	2001342	2016.08.15	[redacted]配套场	大约克	母	29.
DD00000035	2001342	2016.08.15	[redacted]配套场	大约克	公	5.
DD00000035	2001342	2016.08.15	[redacted]配套场	杜洛克	母	3.
DD00000035	2001342	2016.08.15	[redacted]配套场	杜洛克	公	18.
DD00000036	2001343	2016.08.16	[redacted]配套场	长白猪	母	5.
DD00000036	2001343	2016.08.16	[redacted]配套场	大约克	母	36.
DD00000036	2001343	2016.08.16	[redacted]配套场	杜洛克	母	11.
DD00000036	2001343	2016.08.16	[redacted]配套场	杜洛克	公	1.
DD00000036	2001343	2016.08.16	[redacted]配套场	大约克	母	12.
DD00000036	2001343	2016.08.16	[redacted]配套场	杜洛克	母	10.
DD00000036	2001343	2016.08.16	[redacted]配套场	长白猪	母	14.
DD00000037	2000302	2016.11.27	[redacted]配套场	杜洛克	公	16.
DD00000037	2000302	2016.11.27	[redacted]配套场	杜洛克	母	9.
DD00000037	2000302	2016.11.27	[redacted]配套场	大约克	公	2.
DD00000037	2000302	2016.11.27	[redacted]配套场	大约克	母	51.
DD00000037	2000302	2016.11.27	[redacted]配套场	长白猪	母	54.
DD00000037	2000302	2016.11.27	[redacted]配套场	大约克	母	38.
DD00000038	2000303	2016.11.29	[redacted]配套场	杜洛克	公	23.
DD00000038	2000303	2016.11.29	[redacted]配套场	杜洛克	公	26.
DD00000038	2000303	2016.11.29	[redacted]配套场	杜洛克	母	17.
DD00000038	2000303	2016.11.29	[redacted]配套场	长白猪	公	5.
DD00000038	2000303	2016.11.29	[redacted]配套场	长白猪	母	16.
DD00000038	2000303	2016.11.29	[redacted]配套场	杜洛克	母	14.
DD00000038	2000303	2016.11.29	[redacted]配套场	长白猪	母	41.
DD00000038	2000303	2016.11.29	[redacted]配套场	大约克	母	9.
DD00000039	2000304	2016.12.09	[redacted]配套场	长白猪	公	7.
DD00000039	2000304	2016.12.09	[redacted]配套场	大约克	公	15.
DD00000039	2000304	2016.12.09	[redacted]配套场	杜洛克	公	19.
DD00000039	2000304	2016.12.09	[redacted]配套场	长白猪	母	23.
DD00000040	2000305	2016.12.20	[redacted]配套场	长白猪	公	36.
DD00000040	2000305	2016.12.20	[redacted]配套场	杜洛克	公	11.
DD00000040	2000305	2016.12.20	[redacted]配套场	大约克	公	27.
DD00000041	2000306	2017.01.07	[redacted]配套场	长白猪	母	28.
DD00000041	2000306	2017.01.07	[redacted]配套场	杜洛克	母	20.
DD00000041	2000306	2017.01.07	[redacted]配套场	大约克	母	14.

已确认无误

苟[redacted]·135 2017.9.12

DD00000042	2000307	2017.02.22	[redacted]配套场	大约克	[illegible]	57.
DD00000042	2000307	2017.02.22	[redacted]配套场	长白猪	母	
DD00000042	2000307	2017.02.22	[redacted]配套场	杜洛克	公	
DD00000042	2000307	2017.02.22	[redacted]配套场	大约克	公	29.
DD00000043	2000308	2017.02.22	[redacted]配套场	大约克	母	41.
DD00000043	2000308	2017.02.22	[redacted]配套场	杜洛克	母	26.
DD00000043	2000308	2017.02.22	[redacted]配套场	大约克	公	21.
		合计				2924

已端头落实

2017.9.12

56

猪只转群记录单

DD0000016.

2001321

猪场名称：[redacted]　　　　　　　　　　　　　　　2015年11月4日

转出明细

批次号	数量(头)	均重(kg)	总重(kg)	饲养员签字	备注
DJYY-1511-[redacted]	26	26.56	690.5		
DJYB-1509-[redacted]	17	22.12	376		
DJYB-1509-[redacted]	13	21.46	278		
DJYB-1509-[redacted]	102	18.47	1883.5		

转出记录

批次号	数量(头)	均重(kg)	总重(kg)	饲养员签字	

场长：[redacted]

转入组长：[redacted]

转出组长：[redacted]

第一联 转出组(白) 第二联 财务(红) 第三联 转入组(绿)

[redacted]科技有限公司 5101815015376

与原件核对无误		
提供者签名	[redacted]	2017.9.11
执法人员签名	[redacted]	[redacted]
执法证号	[redacted]	[redacted]
取证日期	2017.9.11	

56

与原件[redacted]
提供[redacted] 陈[redacted] 2017.9.11
执[redacted] [redacted]
[redacted] 2017.9.11

猪只转群记录单

DD00000017.
2001322

猪场名称：桥江场　　　　2015年12月2日

	批次号	数量(头)	均重(kg)	总重(kg)	饲养员签字	备注
转出明细	DJYB-1510-[redacted]	131	26.9	3530		
	DJYB-1510-[redacted]	29	24.3	70.5		
	DJYBY-1508-[redacted]	5	52.1	260.5		
转入记录	批次号	数量(头)	均重(kg)	总重(kg)	饲养员签字	

场长：杨[redacted]　　转入组长：张[redacted]　　转出组长：[redacted]

第一联 转出组(白) 第二联 财务(红) 第三联 转入组(绿)

经核查 第一批 7[redacted] 18头，总计 300头、
鹿[redacted]

猪只转群记录单

PP[redacted] 18
2001323 鹿[redacted] 2017.9.11

猪场名称：　　　　　　　　　　　　年　月　日

转出明细	批次号	数量(头)	均重(kg)	总重(kg)	饲养员签字	备注
转入记录	批次号	数量(头)	均重(kg)	总重(kg)	饲养员签字	

第一联 转出组(白) 第二联 财务(红) 第三联 转入组(黄)

场长：　　　　　　转入组长：　　　　　　转出组长：

[redacted]科技有限公司

与原件核对
提供者签名：鹿[redacted] 2017.9.11
执法人员签名：[redacted]
执法证号：[redacted]
核对日期：2017.9.11

58

与原件核对

提供者签名	[redacted] 2017.9.11
执法人员签名	[redacted] 韩[redacted]
执法证号	MA[redacted] 14[redacted]
取证日期	2017.9.11

猪只转群记录单

DD00000019
2001324

猪场名称：郑Ⅱ场　　　　2016年1月5日

	批次号	数量(头)	均重(kg)	总重(kg)	饲养员签字	备注
转出明细	DJYB-1511-[redacted]	70	28.97	2028.5		
	DJYB-1511-[redacted]	10	21.6	216		
转入记录	批次号	数量(头)	均重(kg)	总重(kg)	饲养员签字	

第一联 转出组(白) 第二联 财务(红) 第三联 转入组(黄)

场长：[redacted]　　转入组长：[redacted]　　转出组长：[redacted]

59

与原件核对无误

提供者签名	[redacted] 2017.9.11
执法人员签名	李[redacted] 韩[redacted]
执法证号	川A[redacted] [redacted]
取证日期	2017.9.11

猪只转群记录单

DD00000020
2001325

猪场名称：[illegible]

2016年1月15日

	批次号	数量(头)	均重(kg)	总重(kg)	饲养员签字	备注
转出明细	DXYB-1511-[redacted]	70	29.5	2065		
	DXYB-1512-[redacted]	10	27.95	279.5		
转入记录	批次号	数量(头)	均重(kg)	总重(kg)	饲养员签字	

第一联 转出组(白) 第二联 财务(红) 第三联 转入组(绿)

场长：庄[redacted]　　转入组长：张[redacted]　　转出组长：左[redacted]

60

猪只转群记录单

DD0000021
2001326

猪场名称：邠州[redacted]

2016年3月15日

	批次号	数量(头)	均重(kg)	总重(kg)	饲养员签字	备注
转出明细	DMYB-1601-[redacted]	70	24.55	1719	何[redacted]	转出定场
	DMYB-1601-[redacted]	90	23.65	2128		
	批次号	数量(头)	均重(kg)	总重(kg)	饲养员签字	
转入记录						

第一联 转出组(白) 第二联 财务(红) 第三联 转入组(绿)

场长：孟[redacted]　　转入组长：张[redacted]　　转出组长：王[redacted]

[redacted]科技[redacted]务卫生保

与原件核对无误		
提供者签名	陈[redacted] 2017.9.11	
执法人员签名	李[redacted]	聂[redacted]
执法证号	MA[redacted]	M[redacted]
取证日期	2017.9.11	

61

DD00000022
2001327

猪只转群记录单

2016年3月26日

猪场名称：[illegible]

	批次号	数量(头)	均重(kg)	总重(kg)	饲养员签字	备注
转出明细	DJYB-1601-[redacted]	2	35	70	[illegible][redacted]	
	DJYB-1601-[redacted]	73	31	2267.5		
	DJYB-1601-[redacted]	5	25	125		
转入记录	批次号	数量(头)	均重(kg)	总重(kg)	饲养员签字	

第一联 转出组(白) 第二联 财务(红) 第三联 转入组(绿)

场长：[illegible][redacted]　　转入组长：[illegible][redacted]　　转出组长：[illegible][redacted]

[redacted]

与原件核对无误		
提供者签名	[illegible][redacted]	2017.9.11
执法人员签名	[illegible][redacted]	[illegible][redacted]
执法证号	[illegible][redacted]	[illegible][redacted]
取证日期	2017.9.11	

62

DD00000024

2001329

猪只转群记录单

猪场名称：[illegible]　　　　2016年4月23日

转出明细	批次号	数量(头)	均重(kg)	总重(kg)	饲养员签字	备注
	DDYB-1603-[redacted]	98	26.28	2602	[redacted]	
转入记录	批次号	数量(头)	均重(kg)	总重(kg)	饲养员签字	

第一联 转出组(白) 第二联 财务(红) 第三联 转入组(绿)

场长：[redacted]　　转入组长：[redacted]　　转出组长：[redacted]

与原件核对无误		
提供者签名	[redacted] 2017.9.11	
执法人员签名	[redacted]	[redacted]
执法证号	[redacted]	[redacted]
取证日期	2017.9.11	

63

64

猪只转群记录单

DD00000025.
2001330

猪场名称：[illegible]

2016年 4月28日

	批次号	数量(头)	均重(kg)	总重(kg)	饲养员签字	备注
转出明细	MYB-1601-[redacted]	105	46.83	4918		
	MYB-1602-[redacted]	55	43.15	2373.5		
转入记录	批次号	数量(头)	均重(kg)	总重(kg)	饲养员签字	
	[illegible]					

第一联 转出组(白) 第二联 财务(红) 第三联 转入组(绿)

场长：[illegible][redacted]　　转入组长：[illegible][redacted]　　转出组长：[illegible][redacted]

[redacted]科技有限公司 5101815015376

与原件核对无误

提供者签名	[illegible][redacted] 2017.9.11
执法人员签名	[illegible][redacted] [illegible][redacted]
执法证号	[illegible][redacted]
取证日期	2017.9.11

64

猪只转群记录单

D1200000026.

2001331

猪场名称：[illegible]

2016年5月30日

	批次号	数量(头)	均重(kg)	总重(kg)	饲养员签字	备注
转出明细	DYB-1602-[redacted]	11	50	550	[illegible][redacted]	
	DYB-1603-[redacted]	19	45.26	[illegible]		
	DYB-1603-[redacted]	120	44.37	5324		
	批次号	数量(头)	均重(kg)	总重(kg)	饲养员签字	
转入记录	[illegible]					

第一联 转出组(白) 第二联 财务(红) 第三联 转入组(绿)

场长：[illegible][redacted]　　转入组长：[illegible][redacted]　　转出组长：[illegible][redacted]

与原件核对无误		
提供者签名	[illegible][redacted] 2017.9.1	
执法人员签名	[illegible][redacted]	[illegible][redacted]
执法证号	MA[redacted]	1[redacted]
取证日期	2017.9.1	

[redacted]科技有限公司 5101815015376

猪只转群记录单

VD00000027.
2001332
2016年6月17日

猪场名称：[illegible]

转出明细	批次号	数量(头)	均重(kg)	总重(kg)	饲养员签字	备注
	DYB-1603-[redacted]	66	507	3350.5	[redacted]	
	DYB-1603-[redacted]	14	45.14	632		
转入记录	批次号	数量(头)	均重(kg)	总重(kg)	饲养员签字	
	[illegible]					

第一联 转出组(白) 第二联 财务(红) 第三联 转入组(绿)

转出组长：[redacted]

转入组长：[redacted]

场长：[redacted]

与原件核对无误		
提供者签名	[redacted]	2017.9.11
执法人员签名	[redacted]	[redacted]
执法证号	[redacted]	[redacted]
取证日期	2017.9.11	

[redacted]科技有限公司 5101815015378

66

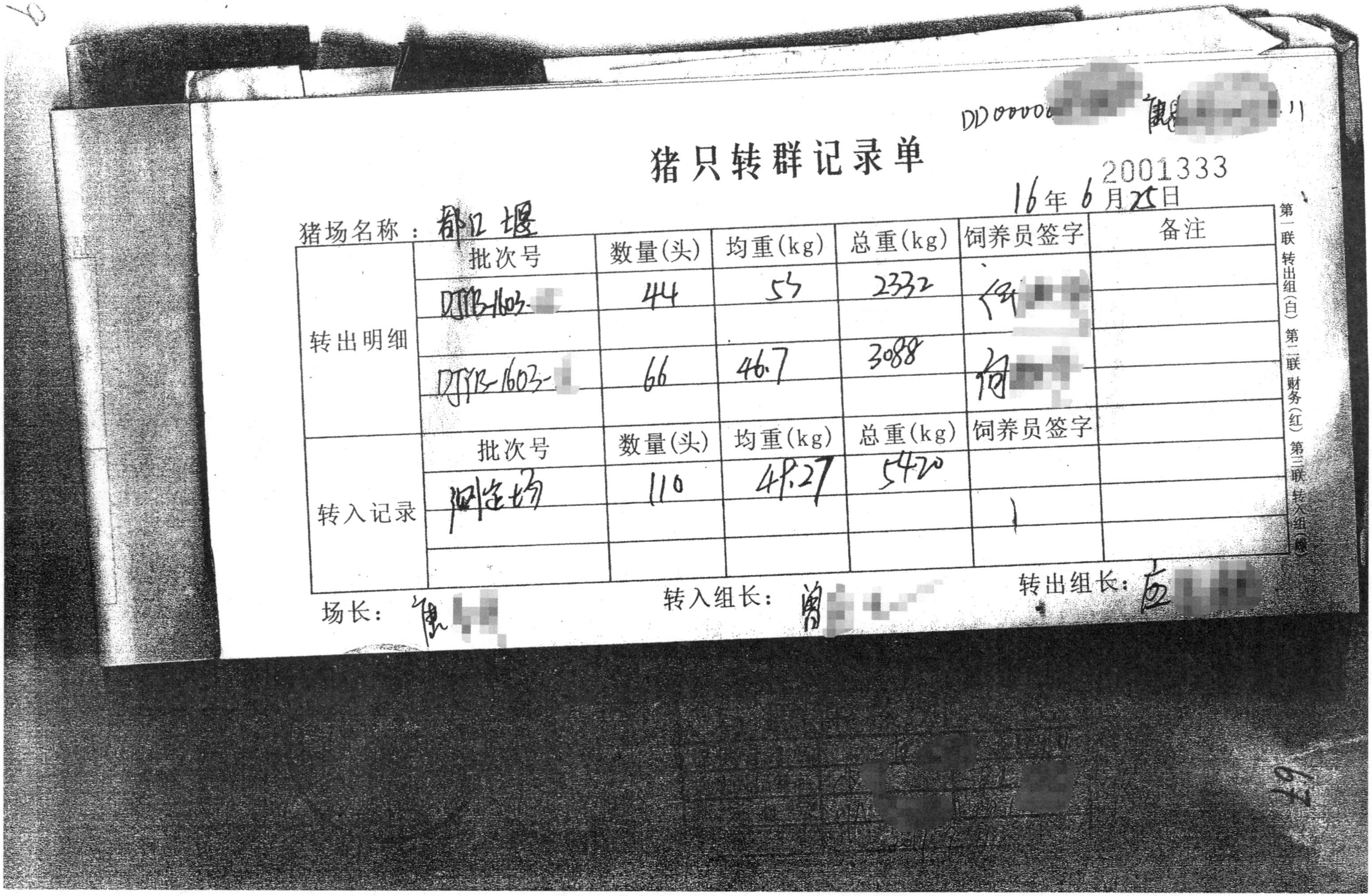

DD00000[redacted]

猪只转群记录单

2001333

16年6月25日

猪场名称：郡江堰

	批次号	数量(头)	均重(kg)	总重(kg)	饲养员签字	备注
转出明细	DJJB-1603-[redacted]	44	53	2332	何[redacted]	
	DJJB-1603-[redacted]	66	46.7	3088	何[redacted]	
转入记录	批次号	数量(头)	均重(kg)	总重(kg)	饲养员签字	
	测定场	110	49.27	5420		

场长：陈[redacted]　　转入组长：曾[redacted]　　转出组长：应[redacted]

第一联 转出组（白） 第二联 财务（红） 第三联 转入组（绿）

提供者签名	唐[redacted] 2017.9.[illegible]
执法人员签名	李[redacted] 高[redacted]
执法证号	[illegible]
取证日期	2017.9.11

猪只转群记录单

0000000029
2001334

猪场名称：[illegible]　　　　2016年7月13日

	批次号	数量(头)	均重(kg)	总重(kg)	饲养员签字	备注
转出明细	MYB-1604-[redacted]	20	30	600		
	MYY-1607-[redacted]	15	76.47	1147	何[redacted]	
	MYY-1607-[redacted]	78	61.92	4830		
	MYY-1607-[redacted]	67	57	3819		
转入记录	批次号	数量(头)	均重(kg)	总重(kg)	饲养员签字	
	洲之场					

场长：唐[redacted]　　转入组长：常[redacted]　　转出组长：[redacted]

第一联 转出组(白) 第二联 财务(红) 第三联 转入组(黄)

[redacted]科技有限公司

DJ00[redacted] 唐[redacted] [redacted].9.11

猪只转群记录单

2001335

16 年 7 月 19 日

猪场名称：都江堰

	批次号	数量(头)	均重(kg)	总重(kg)	饲养员签字	备注
转出明细	DJYY-1607-[redacted]	63-1	48.75	[illegible] 3037.5		[illegible]
	DJYY-1607-[redacted]	2	59.5	119		
	DJYY-1607-[redacted]	15	51.23	768.5		
				3925		
转入记录	批次号	数量(头)	均重(kg)	总重(kg)	饲养员签字	
	[illegible]					
	12月					

第一联 转出组(白) 第二联 财务(红) 第三联 转入组(绿)

场长：唐[redacted]　　转入组长：荣[redacted]　　转出组长：[redacted]

与原件核对无误	
提供者签名	唐[redacted] 2017.9.11
执法人员签名	[redacted]
执法证号	[redacted]
日期	2017.9.11

[redacted] 5101815015[redacted]

69

DD000[redacted]-康[redacted]
2001339 [redacted]

猪只转群记录单

16年 8月 13日

猪场名称：都江堰

	批次号	数量(头)	均重(kg)	总重(kg)	饲养员签字	备注
转出明细	DJYY-1607[redacted]	9	64.28	578.5	何[redacted]	
	DJYY-1607[redacted]	37	66.6	2464.5	何[redacted]	
	DJYY-1607[redacted]	4	74.5	298	何[redacted]	
	批次号	数量(头)	均重(kg)	总重(kg)	饲养员签字	
转入记录		50	66.82	3341		
	原货场					

第一联 转出组(白) 第二联 财务(红) 第三联 转入组(绿)

转出组长：应[redacted]

转入组长：荣[redacted]

场长：唐[redacted]

与原件核对无误		
提供者签名	唐[redacted] 2017.9.11	
执法人员签名	李[redacted]	赵[redacted]
执法证号	MA[redacted]	[redacted]
取证日期	2017.9.11	

[redacted] 5101815015370

70

猪只转群记录单

DD00000033

2001340

猪场名称：DJY·　　　　　　　　16年8月19日

	批次号	数量(头)	均重(kg)	总重(kg)	饲养员签字	备注
转出明细	DJYY-167[redacted]	4D	63	252		
	DJYY-167[redacted]	15L	62.97	944.5	何[redacted]	
	DJYY-167[redacted]	31Y	63.03	1954		
		50	63.01	3150.5		
转入记录	批次号	数量(头)	均重(kg)	总重(kg)	饲养员签字	
		50	63.01	3150.5		
	测定场					

第一联 转出组(白)　第二联 财务(红)　第三联 转入组(绿)

场长：唐[redacted]　　转入组长：蔡[redacted]　　转出组长：雇[redacted]

与原件核对无误	
提供者签名	唐[redacted] 2017.9.11
执法人员签名	李[redacted] 蔡[redacted]
执法证号	[redacted]
取证日期	2017.9.11

[redacted]部门章

71

72

猪只转群记录单

DD00000034

2001341

16年8月14日

猪场名称：DJY

	批次号	数量(头)	均重(kg)	总重(kg)	饲养员签字	备注
转出明细	DJYY-1607-[redacted]	20	57.75	1155	70	
	DJYY-1607-[redacted]	23	56.48	1299	[redacted]	
	DJYY-1607-[redacted]	25	56.32	1408		
		50	56.45	2822.5		
	批次号	数量(头)	均重(kg)	总重(kg)	饲养员签字	
转入记录		50	56.45	2822.5		
	测定场					

场长：唐[redacted]　　转入组长：李[redacted]　　转出组长：彦[redacted]

第一联 转出组(白) 第二联 财务组 第三联 转入组(绿)

与原件核对无误

提供[redacted]	
认[redacted]	
档[redacted]号	
[redacted]期	

猪只转群记录单

B20000035—36

2001342

猪场名称：都江堰

16年8月15日

	批次号	数量(头)	均重(kg)	总重(kg)	饲养员签字	备注
转出明细	DJYY-1607[redacted]	17	39.56	672.5		
	DJYY-1607-[redacted]	55	39.53	2174		
	DJYB—1606-[redacted]	15	39.6	594		
	DJYB—1607-[redacted]	5	39.5	197.5		
转入记录	DJY批次号7-[redacted]	数量(头)	均重(kg)	总重(kg)	饲养员签字	
	以上合计	94	39.5	3717		

场长：[redacted]　　转入组长：[redacted]　　转出组长：[redacted]

73

DD00000036

猪只转群记录单

2001343

16年8月16日

猪场名称：都江堰

	批次号	数量(头)	均重(kg)	总重(kg)	饲养员签字	备注
转出明细	DJYY-167[redacted]	36	35.13	1265	何[redacted]	
	DJYB-1606-[redacted]	53	35.1	1858.5		
转入记录	批次号	数量(头)	均重(kg)	总重(kg)	饲养员签字	
	测定场	89	35.1	3123.5		

第一联 转出组(白) 第二联 财务 第三联 转入组(绿)

场长：周[redacted]　转入组长：黄[redacted]　转出组长：向[redacted]

[redacted]有限公司 5101815015

与原件核对无误

提供者签名	唐[redacted] 2017.9.11
执法人员签名	李[redacted] 郭[redacted]
执法证号	WA[redacted]
核对日期	2017.9.11

74

猪只转群记录单

DD000000 37

2000302

猪场名称：都江堰、　　　　2016年 11月 27日

	批次号	数量(头)	均重(kg)	总重(kg)	饲养员签字	备注
转出明细	12JYB-1611[redacted]	84	7.7	588		
	12JYB-1611[redacted]	86	7.7	722		
转入记录	批次号	数量(头)	均重(kg)	总重(kg)	饲养员签字	

第一联 转出组(白) 第二联 财务(红) 第三联 转入组(绿)

[redacted]科技有限公司

场长：[redacted]　　转入组长：[redacted]　　转出组长：[redacted]

75

76

猪只转群记录单

DD 00000038

2000303

猪场名称：都江堰　　　　2016年 11月 29日

	批次号	数量(头)	均重(kg)	总重(kg)	饲养员签字	备注
转出明细	DJYB-1610[redacted]	151	7.6	1161		
转入记录	批次号	数量(头)	均重(kg)	总重(kg)	饲养员签字	

第一联 转出组(白) 第二联 财务(红) 第三联 转入组(绿)

场长：康[redacted]　　转入组长：笨[redacted]　　转出组长：应[redacted]

PD 000000039.

猪只转群记录单

2000304

猪场名称：都江堰　　　　　　　　　　　　　　　　　　2016年12月9日

	批次号	数量(头)	均重(kg)	总重(kg)	饲养员签字	备注
转出明细	DJYB-1611-[redacted]	64	8.2	531		都江堰[redacted]有限公司（印）
转入记录	批次号	数量(头)	均重(kg)	总重(kg)	饲养员签字	

第一联 转出组(白)　第二联 财务(红)　第三联 转入组(绿)

场长：唐[redacted]　　　　转入组长：李[redacted]　　　　转出组长：应[redacted]

77

78

猪只转群记录单

DD00000040.

2000305

猪场名称：郝江振.　　　　2016年12月20日

	批次号	数量(头)	均重(kg)	总重(kg)	饲养员签字	备注
转出明细	DJYB-1611-[redacted]	70	8.7	611		
转入记录	批次号	数量(头)	均重(kg)	总重(kg)	饲养员签字	

第一联 转出组(白) 第二联 财务(红) 第三联 转入组(绿)

场长：康[redacted]　　转入组长：第[redacted]　　转出组长：应[redacted]

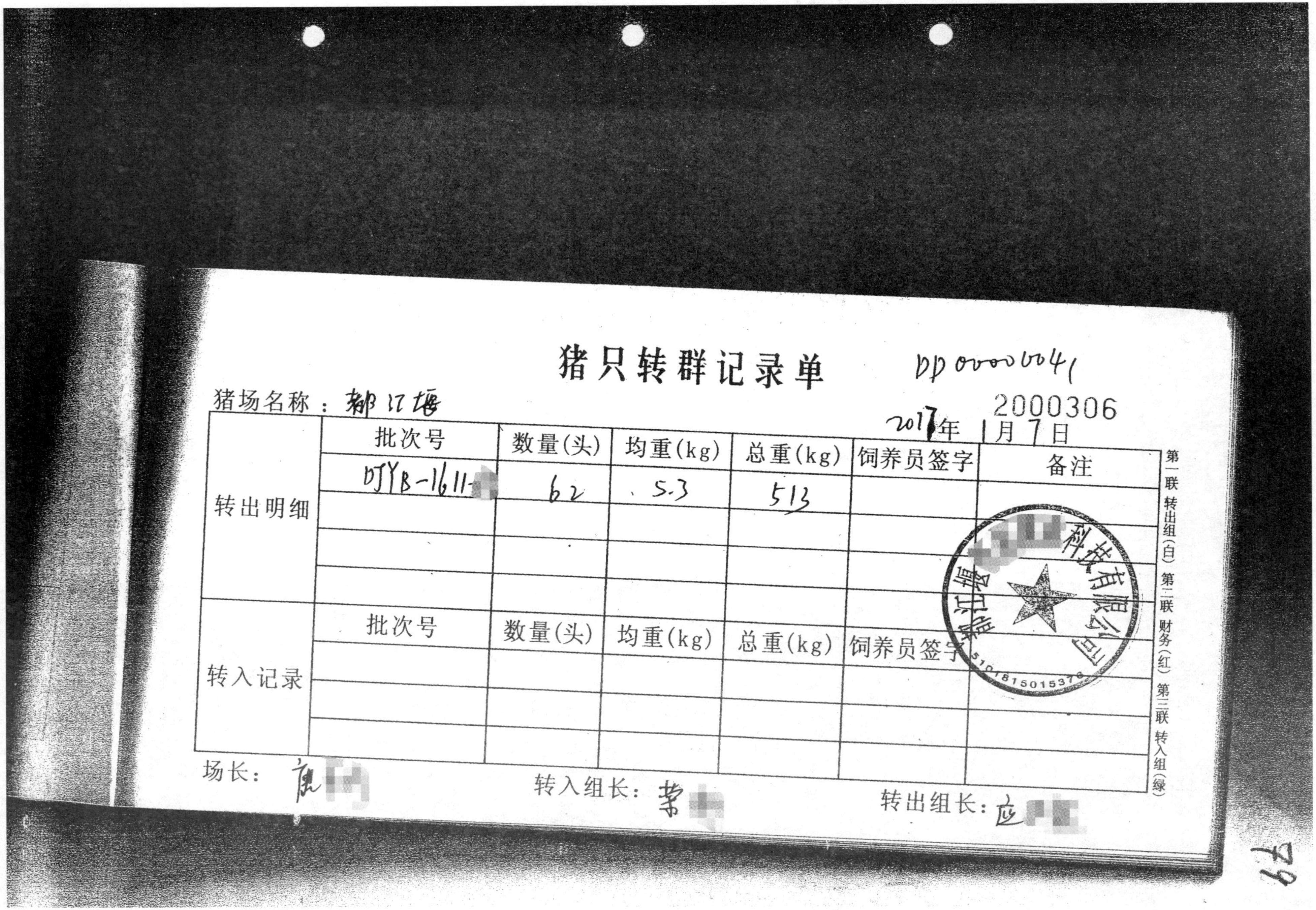

猪只转群记录单

DD00000041

2000306

猪场名称：郁江塘

2017年1月7日

转出明细	批次号	数量(头)	均重(kg)	总重(kg)	饲养员签字	备注
	DTYB-1611-[redacted]	62	5.3	513		
转入记录	批次号	数量(头)	均重(kg)	总重(kg)	饲养员签字	

[redacted]科技有限公司 5101815015373

场长：康[redacted]　　转入组长：李[redacted]　　转出组长：应[redacted]

第一联 转出组(白) 第二联 财务(红) 第三联 转入组(绿)

79

80

猪只转群记录单

DD00000042.

2000307

猪场名称：都江堰

2017年2月22日

转出明细	批次号	数量(头)	均重(kg)	总重(kg)	饲养员签字	备注
	DJYB-1701[redacted]	101	7.1	715		
转入记录	批次号	数量(头)	均重(kg)	总重(kg)	饲养员签字	

第一联 转出组(白) 第二联 财务(红) 第三联 转入组(绿)

场长：唐[redacted]　　转入组长：李[redacted]　　转出组长：应[redacted]

猪只转群记录单

DP000000043

2000308

猪场名称：都江堰

2017年 2月22日

	批次号	数量(头)	均重(kg)	总重(kg)	饲养员签字	备注
转出明细	DJYB-1701[redacted]	88	7.6	672		
转入记录	批次号	数量(头)	均重(kg)	总重(kg)	饲养员签字	

第一联 转出组 第二联 财务(红) 第三联 转入组(绿)

场长：[redacted]

转入组长：[redacted]

转出组长：[redacted]

82

都江堰[redacted]科技有限公司　生猪调拨价格台账

单据编号	手工单号	调拨时间	调入分场	品种	性别	数量	重量 kg	金额：元
DD00000016	2001321	2015.11.04	[redacted]配套场	杜洛克	公	4.	88.48	1625
DD00000016	2001321	2015.11.04	[redacted]配套场	长白猪	公	2.	44.24	813
DD00000016	2001321	2015.11.04	[redacted]配套场	大约克	公	11.	243.28	4469
DD00000016	2001321	2015.11.04	[redacted]配套场	大约克	母	59.	1089.73	21604
DD00000016	2001321	2015.11.04	[redacted]配套场	长白猪	母	43.	793.77	15740
DD00000016	2001321	2015.11.04	[redacted]配套场	大约克	公	6.	128.76	2394
DD00000016	2001321	2015.11.04	[redacted]配套场	长白猪	公	7.	150.24	2794
DD00000016	2001321	2015.11.04	[redacted]配套场	杜洛克	公	10.	266.	4556
DD00000016	2001321	2015.11.04	[redacted]配套场	长白猪	公	5.	132.	2267
DD00000016	2001321	2015.11.04	[redacted]配套场	大约克	公	11.	292.5	5011
DD00000017	2001322	2015.12.02	[redacted]配套场	杜洛克	母	6.	161.4	2753
DD00000017	2001322	2015.12.02	[redacted]配套场	长白猪	母	23.	618.7	10555
DD00000017	2001322	2015.12.02	[redacted]配套场	大约克	母	82.	2205.8	37630
DD00000017	2001322	2015.12.02	[redacted]配套场	杜洛克	公	5.	134.5	2295
DD00000017	2001322	2015.12.02	[redacted]配套场	长白猪	公	3.	80.7	1377
DD00000017	2001322	2015.12.02	[redacted]配套场	大约克	公	12.	328.9	5574
DD00000017	2001322	2015.12.02	[redacted]配套场	杜洛克	母	5.	121.5	2152
DD00000017	2001322	2015.12.02	[redacted]配套场	长白猪	母	8.	194.4	3442
DD00000017	2001322	2015.12.02	[redacted]配套场	大约克	母	16.	389.1	6888
DD00000017	2001322	2015.12.02	[redacted]配套场	杜洛克	公	1.	52.1	736
DD00000017	2001322	2015.12.02	[redacted]配套场	长白猪	公	2.	104.2	1472
DD00000017	2001322	2015.12.02	[redacted]配套场	大约克	公	2.	104.2	1472
DD00000018	2001323	2015.12.22	[redacted]配套场	长白猪	公	2.	62.	1008
DD00000018	2001323	2015.12.22	[redacted]配套场	大约克	公	7.	217.	3528
DD00000018	2001323	2015.12.22	[redacted]配套场	杜洛克	公	1.	31.	504
DD00000018	2001323	2015.12.22	[redacted]配套场	大约克	母	5.	155.	2520
DD00000018	2001323	2015.12.22	[redacted]配套场	杜洛克	母	3.	103.5	1628
DD00000018	2001323	2015.12.22	[redacted]配套场	长白猪	母	7.	203.	3374
DD00000018	2001323	2015.12.22	[redacted]配套场	大约克	母	6.	174.5	2898
DD00000018	2001323	2015.12.22	[redacted]配套场	长白猪	公	2.	54.	920
DD00000018	2001323	2015.12.22	[redacted]配套场	大约克	公	8.	216.	3680
DD00000018	2001323	2015.12.22	[redacted]配套场	杜洛克	公	1.	27.	460
DD00000018	2001323	2015.12.22	[redacted]配套场	长白猪	母	24.	648.	11040
DD00000018	2001323	2015.12.22	[redacted]配套场	大约克	母	50.	1350.	23000
DD00000018	2001323	2015.12.22	[redacted]配套场	杜洛克	母	2.	89.	1305
DD00000018	2001323	2015.12.22	[redacted]配套场	长白猪	母	16.	398.4	6990
DD00000018	2001323	2015.12.22	[redacted]配套场	大约克	母	53.	1319.7	23156
DD00000018	2001323	2015.12.22	[redacted]配套场	杜洛克	母	4.	104.9	1806

DD00000018	2001323	2015.12.22	配套场	长白猪	公	[illegible]	72.	1281
DD00000018	2001323	2015.12.22	配套场	大约克	公	22.	517.	9273
DD00000018	2001323	2015.12.22	配套场	杜洛克	公	12.	282.	5058
DD00000018	2001323	2015.12.22	配套场	长白猪	母	10.	230.	4160
DD00000018	2001323	2015.12.22	配套场	大约克	母	60.	1209.5	21455
DD00000018	2001323	2015.12.22	配套场	杜洛克	母	8.	202.	3416
DD00000018	2001323	2015.12.22	配套场	大约克	母	4.	90.	1642
DD00000019	2001324	2016.01.05	配套场	长白猪	公	3.	90.	1479
DD00000019	2001324	2016.01.05	配套场	大约克	公	9.	270.	4437
DD00000019	2001324	2016.01.05	配套场	杜洛克	公	9.	275.5	4498
DD00000019	2001324	2016.01.05	配套场	长白猪	母	17.	476.	8007
DD00000019	2001324	2016.01.05	配套场	大约克	母	28.	784.	13188
DD00000019	2001324	2016.01.05	配套场	杜洛克	母	4.	133.	2115
DD00000019	2001324	2016.01.05	配套场	大约克	母	10.	216.	4006
DD00000020	2001325	2016.01.15	配套场	大约克	公	19.	560.5	9263
DD00000020	2001325	2016.01.15	配套场	大约克	母	38.	1121.	18525
DD00000020	2001325	2016.01.15	配套场	杜洛克	公	3.	88.5	1463
DD00000020	2001325	2016.01.15	配套场	杜洛克	母	10.	295.	4875
DD00000020	2001325	2016.01.15	配套场	长白猪	母	10.	279.5	4705
DD00000021	2001326	2016.03.15	配套场	杜洛克	公	5.	122.75	2165
DD00000021	2001326	2016.03.15	配套场	长白猪	母	20.	491.	8661
DD00000021	2001326	2016.03.15	配套场	大约克	母	45.	1105.25	19493
DD00000021	2001326	2016.03.15	配套场	长白猪	公	15.	354.75	6347
DD00000021	2001326	2016.03.15	配套场	长白猪	母	27.	638.55	11425
DD00000021	2001326	2016.03.15	配套场	大约克	母	48.	1135.7	20317
DD00000022	2001327	2016.03.26	配套场	杜洛克	公	2.	70.	1096
DD00000022	2001327	2016.03.26	配套场	长白猪	公	1.	31.	504
DD00000022	2001327	2016.03.26	配套场	大约克	公	10.	310.	5040
DD00000022	2001327	2016.03.26	配套场	杜洛克	母	6.	186.	3024
DD00000022	2001327	2016.03.26	配套场	长白猪	母	16.	496.	8064
DD00000022	2001327	2016.03.26	配套场	大约克	母	40.	1244.5	20210
DD00000022	2001327	2016.03.26	配套场	杜洛克	公	5.	125.	2190
DD00000024	2001329	2016.04.23	配套场	大约克	公	16.	449.	7547
DD00000024	2001329	2016.04.23	配套场	杜洛克	母	3.	78.	1347
DD00000024	2001329	2016.04.23	配套场	大约克	母	63.	1641.	28320
DD00000024	2001329	2016.04.23	配套场	长白猪	母	17.	434.	7545
DD00000025	20001330	2016.04.29	配套场	大约克	公	17.	850.	12121
DD00000025	20001330	2016.04.29	配套场	长白猪	公	5.	250.	3565
DD00000025	20001330	2016.04.29	配套场	大约克	母	38.	1748.	25422
DD00000025	20001330	2016.04.29	配套场	长白猪	母	37.	1702.	24753
DD00000025	20001330	2016.04.29	配套场	杜洛克	母	8.	368.	5352

DD00000025	20001330	2016.04.29	配套场	大约克	母	55.	2373.5	35074
DD00000026	2001331	2016.05.30	配套场	杜洛克	公	[illegible]	500.	7130
DD00000026	2001331	2016.05.30	配套场	杜洛克	母	1.	50.	713
DD00000026	2001331	2016.05.30	配套场	大约克	公	19.	866.	12557
DD00000026	2001331	2016.05.30	配套场	大约克	母	61.	2684.	39467
DD00000026	2001331	2016.05.30	配套场	长白猪	母	31.	1364.	20057
DD00000026	2001331	2016.05.30	配套场	杜洛克	公	3.	135.	1974
DD00000026	2001331	2016.05.30	配套场	大约克	公	10.	440.	6470
DD00000026	2001331	2016.05.30	配套场	长白猪	公	15.	701.	10156
DD00000027	2001332	2016.06.17	配套场	长白猪	母	20.	1014.	14414
DD00000027	2001332	2016.06.17	配套场	大约克	母	46.	2336.5	33200
DD00000027	2001332	2016.06.17	配套场	杜洛克	母	13.	585.	8554
DD00000027	2001332	2016.06.17	配套场	大约克	母	1.	47.	680
DD00000028	2001333	2016.06.25	配套场	大约克	公	2.	106.	1492
DD00000028	2001333	2016.06.25	配套场	大约克	母	2.	106.	1492
DD00000028	2001333	2016.06.25	配套场	长白猪	公	3.	159.	2238
DD00000028	2001333	2016.06.25	配套场	长白猪	母	15.	795.	11190
DD00000028	2001333	2016.06.25	配套场	杜洛克	公	19.	1007.	14174
DD00000028	2001333	2016.06.25	配套场	杜洛克	母	3.	159.	2238
DD00000028	2001333	2016.06.25	配套场	大约克	公	12.	562.	8138
DD00000028	2001333	2016.06.25	配套场	大约克	母	41.	1918.	27781
DD00000028	2001333	2016.06.25	配套场	长白猪	母	13.	608.	8807
DD00000029	2001334	2016.07.13	配套场	大约克	公	20.	600.	9860
DD00000029	2001334	2016.07.13	配套场	大约克	母	15.	1147.	15062
DD00000029	2001334	2016.07.13	配套场	杜洛克	公	8.	495.	6749
DD00000029	2001334	2016.07.13	配套场	杜洛克	母	9.	557.	7594
DD00000029	2001334	2016.07.13	配套场	长白猪	公	9.	557.	7594
DD00000029	2001334	2016.07.13	配套场	长白猪	母	39.	2414.	32911
DD00000029	2001334	2016.07.13	配套场	大约克	母	13.	807.	10996
DD00000029	2001334	2016.07.13	配套场	大约克	母	67.	3819.	52930
DD00000030	2001335	2016.07.19	配套场	大约克	母	62.	3037.5	43519
DD00000030	2001335	2016.07.19	配套场	杜洛克	母	2.	119.	1635
DD00000030	2001335	2016.07.19	配套场	长白猪	母	15.	768.5	10899
DD00000032	2001339	2016.08.13	配套场	大约克	母	37.	2464.5	33141
DD00000032	2001339	2016.08.13	配套场	长白猪	母	9.	578.5	7831
DD00000032	2001339	2016.08.13	配套场	杜洛克	母	4.	298.	3930
DD00000033	2001340	2016.08.14	配套场	杜洛克	母	4.	252.	3424
DD00000033	2001340	2016.08.14	配套场	大约克	母	31.	1954.	26547
DD00000033	2001340	2016.08.14	配套场	长白猪	母	15.	944.5	12835
DD00000034	2001341	2016.08.14	配套场	杜洛克	母	2.	115.5	1597
DD00000034	2001341	2016.08.14	配套场	大约克	母	23.	1299.	18038

DD00000034	2001341	2016.08.14	配套场	长白猪	母	[illegible]	1408.	19563
DD00000035	2001342	2016.08.15	配套场	杜洛克	公	15.	594.	8979
DD00000035	2001342	2016.08.15	配套场	大约克	公	5.	197.5	2988
DD00000035	2001342	2016.08.15	配套场	杜洛克	母	2.	79.	1195
DD00000035	2001342	2016.08.15	配套场	长白猪	母	13.	548.5	7768
DD00000035	2001342	2016.08.15	配套场	长白猪	公	4.	158.	2401
DD00000035	2001342	2016.08.15	配套场	大约克	母	29.	1145.5	17328
DD00000035	2001342	2016.08.15	配套场	大约克	公	5.	197.5	2988
DD00000035	2001342	2016.08.15	配套场	杜洛克	母	3.	120.	1809
DD00000035	2001342	2016.08.15	配套场	杜洛克	公	18.	711.	10755
DD00000036	2001343	2016.08.16	配套场	长白猪	母	5.	175.5	2746
DD00000036	2001343	2016.08.16	配套场	大约克	母	36.	1262.5	19756
DD00000036	2001343	2016.08.16	配套场	杜洛克	母	11.	386.5	6045
DD00000036	2001343	2016.08.16	配套场	杜洛克	公	1.	34.	537
DD00000036	2001343	2016.08.16	配套场	大约克	母	12.	422.	6598
DD00000036	2001343	2016.08.16	配套场	杜洛克	母	10.	351.5	5497
DD00000036	2001343	2016.08.16	配套场	长白猪	母	14.	491.5	7689
DD00000037	2000302	2016.11.27	配套场	杜洛克	公	16.	136.	4104
DD00000037	2000302	2016.11.27	配套场	杜洛克	母	9.	63.	2160
DD00000037	2000302	2016.11.27	配套场	大约克	公	2.	14.	480
DD00000037	2000302	2016.11.27	配套场	大约克	母	51.	408.	12801
DD00000037	2000302	2016.11.27	配套场	长白猪	母	54.	378.	12960
DD00000037	2000302	2016.11.27	配套场	大约克	母	38.	311.	9622
DD00000038	2000303	2016.11.29	配套场	杜洛克	公	23.	161.	5520
DD00000038	2000303	2016.11.29	配套场	杜洛克	公	26.	208.	6526
DD00000038	2000303	2016.11.29	配套场	杜洛克	母	17.	119.	4080
DD00000038	2000303	2016.11.29	配套场	长白猪	公	5.	40.	1255
DD00000038	2000303	2016.11.29	配套场	长白猪	母	16.	112.	3840
DD00000038	2000303	2016.11.29	配套场	杜洛克	母	14.	112.	3514
DD00000038	2000303	2016.11.29	配套场	长白猪	母	41.	328.	10291
DD00000038	2000303	2016.11.29	配套场	大约克	母	9.	81.	2358
DD00000039	2000304	2016.12.09	配套场	长白猪	公	7.	56.	1757
DD00000039	2000304	2016.12.09	配套场	大约克	公	15.	127.	3848
DD00000039	2000304	2016.12.09	配套场	杜洛克	公	19.	155.	4811
DD00000039	2000304	2016.12.09	配套场	长白猪	母	23.	193.	5874
DD00000040	2000305	2016.12.20	配套场	长白猪	公	36.	298.	9155
DD00000040	2000305	2016.12.20	配套场	杜洛克	公	11.	92.	2809
DD00000040	2000305	2016.12.20	配套场	大约克	公	27.	221.	6836
DD00000041	2000306	2017.01.07	配套场	长白猪	母	28.	236.	7059
DD00000041	2000306	2017.01.07	配套场	杜洛克	母	20.	162.	5042
DD00000041	2000306	2017.01.07	配套场	大约克	母	14.	115.	3545

DD00000042	2000307	2017.02.22	[redacted]配套场	大约克	母	[redacted]	404.	13743
DD00000042	2000307	2017.02.22	[redacted]配套场	长白猪	母	1.	8.	247
DD00000042	2000307	2017.02.22	[redacted]配套场	杜洛克	公	14.	[illegible]	3375
DD00000042	2000307	2017.02.22	[redacted]配套场	大约克	公	[illegible]	[illegible]	6960
DD00000043	2000308	2017.02.22	[redacted]配套场	大约克	母	41.	[illegible]	9840
DD00000043	2000308	2017.02.22	[redacted]配套场	杜洛克	母	26.	214.	6583
DD00000043	2000308	2017.02.22	[redacted]配套场	大约克	公	[illegible]	171.	5294
		合计				2924	88388	1448795

87

与原件核对无误		
提供者签名	[redacted]	
执法人员签名	[redacted]	[redacted]
执法证号		
调证日期	2017.9.15	

转帐通知单

№ 0001357

受单单位 都江堰[redacted]有限公司 制单日期 2015 年 10 月 20 日

摘要	千	百	十	万	千	百	十	元	角	分	附件张数
代付都江堰配套场2015年7月15-2016年7月14日租金			1	1	0	0	0	0	0	0	
上列款项已转入你户 其他应收 科目的借方，请核对无误后，将回单联盖章，退回我单位。 合计		¥	1	1	0	0	0	0	0	0	

会计主管　　　　复核　　　　制证 [redacted]

与原件核对无误		
提供者签名	李[redacted]	
执法人员签名	[redacted]	[redacted]
执法证号	[redacted]	MA[redacted]
取证日期	2017.8.15	

转帐通知单

№ 0000658

受单单位 [redacted]有限公司　制单日期 2016 年 10 月 31 日

摘要	千	百	十	万	千	百	十	元	角	分	附件张数
代付[redacted]房租 2016.8.5－2017.8.4			1	1	5	2	0	0	0	0	
上列款项已转入你户 [redacted]收　科目的借/贷方，请核对无误后，将回单联盖章，退回我单位。　合计		¥	1	1	5	2	0	0	0	0	

①存根(黑) ②受单单位记帐(红) ③回单(绿)

会计主管　　复核　　制证 [redacted]

[redacted]股份有限公司 5101849902827

88

与原件核对无误	
提供人签名	[redacted]
执法人员签名	[redacted]
执法证号	[redacted]
取证日期	2017.9.15

10 #

89

四川增值税普通发票

5100152[redacted]　　　　№

代开

开票日期：

购买方	名称： 纳税人识别号： 地址、电话： 开户行及账号：				密码区		
货物或应税劳务、服务名称	规格型号	单位	数量	单价	金额	税率	税额
合计							
价税合计（大写）				（小写）			
销售方	名称： 纳税人识别号： 地址、电话：				备注		

第二联：发票联 购买方记账凭证

税总函〔2015〕249号东港股份有限公司

90

四川省成都市地方税务局通用机打发票

发票代码 [redacted]

发票号码 015[redacted]

密码 373[redacted]

开票日期：2015年9月23日　　行业分类：　　税务机关代开

机打代码：2510[redacted]

机打号码：015[redacted]

付款方名称：成都[redacted]农牧科技有限公司

付款方识别号码或证件号码：51018[redacted]

项目及金额

房屋租金：30000.00

收款方名称：崇州市[redacted]家庭农场

收款方识别号码或证件号码：510[redacted]

代开税务机关名称：崇州地税第一税务所

代开申请表号码：136[redacted]

开票人：[redacted]

合计人民币（大写）：叁万元整　　（小写）：¥30,000.00元

税额（大写）：伍仟玖佰零壹元整

备注：

完税凭证号码：0312[redacted]

与原件核对无误	
提供人签名	[redacted]
执法人员签名	[redacted]
执法证号	MA1[redacted]
取证日期	2017.9.15

发票查询网址

四川省成都市国家税务局通用机打发票

发票联

发票代码 1510[redacted]

发票号码 0000[redacted]

开票日期：2015年9月23日　　行业分类：税务机关代开　　0000[redacted]

付款方名称　　成都[redacted]农牧科技有限公司　　代开普通发票申请表号码

收款方名称及地址、电话 [redacted]　　收款方识别号或证件号码 L5101[redacted]

品目及金额					备注
养猪设备租赁	80000.00	套	1	80000	

崇州市国家税务局
代开发票专用章
代开单位盖章

合计人民币（大写）⊗捌万圆整　　小写　　¥80000.00

税额（大写）　⊗贰仟叁佰叁拾圆壹角整　　完税凭证号码　15101[redacted]

税控码　　开票人　杨楚雯

四川万汇票证印务有限公司2013年6月印（5万份×3）00000001-00050000

第二联 发票联（购货单位付款凭证）

91

青桥[redacted]配套场种猪销售通知单（唐[redacted]）

吴[redacted]（[redacted]农牧本部市场部）(2016-08-10 16:47:50)

猪场种猪销售通知单

行销员：吕[redacted]　　　　发猪时间：20[redacted]年 8 月 11 日

客户姓名	地址	品种	数量				单价	体重（kg）	客户电话
			销售	促销	替换	补偿			
曹自雄		约克公猪	1				2500元/头		
合计			1						

备注	注意事项：
	1、种猪出场前进行二次选种，确保种猪的出场质量；
	2、销售种猪严格按照公司规定的选种标准选种，还必须注意无疝气、毛粗、五爪、倒漩等保证每头种猪出场时躯壳完整，精神状态良好。
	3、由＿＿客户＿＿承担运输。
	4、猪款由猪场代收

处理结果

吕[redacted]（[redacted]采样养殖营长部）已处理　查阅时间：2016-08-17 19:21:44 处理时间：2016-08-17 19:22:35

陈[redacted]（[redacted]农牧本部财务部）已处理　查阅时间：2016-08-11 13:27:41 处理时间：2016-08-11 13:23:10

肖[redacted]农牧本部育种中心）已处理　查阅时间：2016-08-10 20:22:50 处理时间：2016-08-10 20:23:02

同[redacted]吗。

宋[redacted]（[redacted]农牧本部总经理）已阅读　查阅时间：2016-08-10 18:10:25

符[redacted]（[redacted]农牧总部销售部）已处理　查阅时间：2016-08-10 18:02:58 处理时间：2016-08-10 18:03:51

是空场客户吗？正常市场价格在是2500元/头哦！

回复意见

2016-08-10 19:15:33 吴[redacted]：

猪场联动客户，约克长白公猪是2500元/头，杜洛克公猪3500元/头

2016-08-10 22:25:55 张[redacted]：

同意！

李[redacted]（[redacted]农牧本部生产技术部）已处理　查阅时间：2016-08-10 16:59:00 处理时间：2016-08-10 16:59:12

符[redacted]（[redacted]农牧本部财务部）已处理　查阅时间：2016-08-10 16:55:28 处理时间：2016-08-10 16:56:15

客户进行购1头约克公猪款2500元在部汇理测定场刷卡支付。

与原件核对无误

提供者签名	[redacted] 2017.9.20
执法人员签名	[redacted]
执法证号	[redacted] 2017.9.20

92

与原件核对无误

提供者签名	2017.9.20
执法人员签名	2017.9.20
执法证号	

上海浦东发展银行(浦发成都都江堰支行)贷记通知

流水号：999015391470　　交易日期：2016年08月12日　11:52:58

收款单位名称	都江堰　科技有限公司		
收款单位帐号	7310	凭证编号	
付款单位名称	银联商务有限公司客户备付金	付款银行	中国工商银行股份有限公司上海市浦东开发区
付款单位帐号	1001	起息日	2016年08月12日
交易名称	支付结算平台业务处理	金额小写	RMB2,480.50
金额大写	人民币贰仟肆佰捌拾元伍角		
摘要	现代支付BEPS入帐[121608120017876 7],0811-0811费19.5元		

注：如果日期、流水号、帐号、摘要、金额相同，系重复打印。　　经办柜员：99301539(支付清算系统)　　(银行盖章)

93

与原件核对无误

提供者签名 [redacted] 2017.9.20

核对人员签名 [redacted] 2017.9.20

记账凭证

日期 2016 年 8 月 29 日

编号 记 52

页号 1/1

核算单位 Unit 都江堰[redacted]科技有限公司

摘要 Description	科目 A/C	借方 Debit	贷方 Credit
8.11都江堰测定场销售大约克种公猪1头120kg（唐[redacted]）	1002.01 银行存款 - 浦发银行都江堰支行7310[redacted]	2,480.50	
刷卡手续费	6603.02 财务费用 - 手续费支出	19.50	
8.11都江堰测定场销售大约克种公猪1头120kg（唐[redacted]）	6001.02.18 主营业务收入 - 养殖 - 大约克种公猪/11 - 都江堰测定场/03.216 - 客户 - 唐[redacted]		2,500.00
合计 Total 贰仟伍佰元整		2,500.00	2,500.00

核准 Approved by　　过账 Posted by 秦[redacted]　　出纳 Cashier　　制单 Prepared by 陈[redacted]

附单数据 4 Number of attachments

（印章：[redacted]科技有限公司）

94

养殖器具租赁合同

出租方（甲方）：林[redacted]

地　　址：崇州市[redacted]

承租方（乙方）：[redacted]农牧股份有限公司

地　　址：崇州市[redacted]

经甲乙双方友好协商，本着自愿、公平、互利的原则，就乙方承租甲方养殖器具，达成如下一致意见，双方共同遵守。

第一条　租赁猪场财产情况

1、养殖器具所在位置：崇州市[redacted]

2、养殖器具：包含圈栏、斗车、饲喂工具等

第二条　租赁期限

暂订两年，即从2016年8月5日至2018年8月4日。

具体约定：

1、猪场在2016年8月5日交付使用。

第三条　租金及支付方式

1、租金支付标准：按养殖器具11.52万元/年的标准支付；

2、租金结算时间及办法：按照先付租金后使用原则，租金按照两年支付；猪场移交后乙方凭甲方提供的税务租赁发票支付甲方两年的租金。

第四条　双方权属

1、涉及甲方的债权债务由甲方负责，涉及乙方的债权债务由乙方负责，互不牵涉。

2、租赁财产所有权属于甲方。乙方对租赁的财产只有使用权，没有所有权。乙方不得擅自改变租用用途。

3、未经甲方同意，乙方不得擅自将租赁财产的使用权转租、转让、抵押给第三方。

4、租赁期满，如果乙方不再续租，乙方在损毁甲方原有设施设备基础上而改造或添置的财产（以下简称改造添置财产）归甲方享有。乙方在未损毁甲方原有设施基础上而新建或添置的财产（以下简称新建添置财产）归乙方享有。

第七条　双方责任

租赁期内，在双方没有违反本合同的情况下，任一方有下列行为之一的视为违约，违约方应向守约方赔偿违约损失：

一、甲方权利和责任

1、甲方需按时缴纳养殖器具租金及相关费用。

2、甲方擅自提前解除合同、中途退租或非法干预乙方正常生产经营，视为甲方违约；

3、甲方擅自将租赁物出租、转让、抵押、出售给第三方或将租赁物以出资、联营、合作等任何形式导致乙方无法正常生产经营，视为甲方违约；

4、甲方因债务纠纷导致其相关债权人对乙方使用租赁物采取各种干扰、制裁手段包括非法律途径影响乙方正常生产经营，视为甲方违约。

5、甲方未按时向乙方交付租赁财产，视为甲方违约。

6、租赁期内，甲方有权对租赁财产进行监管，避免租赁财产流失或被擅自破坏，但需提前告知乙方并按照乙方规定的消毒程序后方可进入。

二、乙方权利和责任

1、乙方擅自提前解除合同或中途退租，以及拖付租金时间长达3个月以上，视为乙方违约；

2、乙方擅自将租赁物转租、转让、抵押、出售给第三方或将租赁物以出资、联营、合作等任何形式给甲方造成损失，视为乙方违约；

3、乙方因债务纠纷导致其相关债权人对甲方租赁物采取各种干扰、制裁手段包括非法律途径给甲方造成损失，视为乙方违约。

4、乙方擅自改变租赁用途或利用该租赁物进行违法活动，视为乙方违约；

5、租赁期满乙方不再续租，乙方未在 45 日内交接租赁财产，视为乙方违约；

6、租赁期内，乙方在使用租赁物进行生产经营所产生的各项费用均由乙方承担。

第八条、免责条件

若租赁物因不可抗力导致损毁双方互不承担赔偿责任。

第九条、 争议解决方式

本合同出现争议，甲乙双方应友好协商解决，协商不成的，任何一方均可向所在地人民法院起诉。

第十条、 其他说明

1、本合同未尽事宜，经甲乙双方协商一致，可订立补充条款，补充条款及附件均为本合同不可分割的一部分。

2、本合同甲、乙双方签字盖章后生效，本合同一式肆份，甲、乙双方各执贰份。

甲　方：林[redacted]　　　　乙　方：[redacted]农牧股份有限公司

代表人：[redacted]　　　　代表人：[redacted]

签订日期：[redacted]16年8月5日

与原件[redacted]

提供者签名 [redacted] 2017.9.12

执法人员签名 [redacted]

执法日期 2017.9.12

2015[redacted]

猪场租赁合同

都江堰[redacted]有限公司

签 订 地 点： 四川省 · 崇州市

签 订 时 间： 2014年8月5日

出租方（甲方）：崇州市隆兴[redacted]家庭农场

代表人：解[redacted]

地　　址：崇州市[redacted]

电　　话：138[redacted]

承租方（乙方）：成都[redacted]农牧科技有限公司

法定代表人：唐[redacted]

地　　址：崇州市[redacted]

电　　话：028-61[redacted]

经甲乙双方友好协商，本着自愿、公平、互利的原则，就乙方承租甲方猪场用于生猪养殖事宜，达成如下一致性意见，双方共同遵守。

第一条　租赁猪场财产情况

1、猪场位置：崇州市[redacted]

2、猪场规模：占地面积 7.92 亩，建筑面积 1850 ㎡。

3、猪场财产包括：

3.1 场内房屋、圈舍（见明细表附件 1）

3.2 场内现有构筑物（见明细表附件 2）

3.3 场内现有养殖设施、设备（见明细表附件 3）

3.4 场内现有沼气池、排污系统（见明细表附件 4）

3.5 场内现有供水供电系统（见明细表附件 5）

3.6 场内其他财产（见明细表附件 6）

第二条　租赁猪场达到的标准

猪场已按双方约定的建设标准和条件进行建设，具有存栏 800 头育成猪的生产规模，并配套相应的办公、库房和员工宿舍等必要基础设施，供水、供电、环保设施和道路正常。

猪场具体基础设施包括：

1、圈舍：为水泥地板隔栏，屋顶为彩钢板结构，两侧墙面安装有卷帘布、圈栏内安装有地暖及锅炉、电风扇、饮水器、饲槽、圈门。

2、管理用房：5 间，面积 150 m²

3、供水：有 1 口深度为 18 米水井，配套有 3 吨水箱 1 个，一吨水箱 2 个，目前供水及水质正常。

4、供电：猪场有来自场外农用电网的三相电源供电。

5、猪场给排水：猪场具备雨污分离系统，猪场给排水系统通畅；有 300 立方米的沼气池和 600 立方米的储液池和 30 立方米干粪堆放场等常规的环保设施。

猪场可养殖条件应以双方验收签字为准。

第三条　租赁期限

暂订 2 年，即从 2014 年 7 月 15 日至 2016 年 7 月 14 日。租赁期满，根据双方意愿可续租，乙方提前 3 个月向甲方提出书面意向，乙方在同等条件下享有优先续租权。

第四条　租金及支付方式

1、每年租金支付标准：房屋租金 3 万元；设备租金 8 万元。合计 11 万元。

2、租金结算时间及办法：租金按照每年支付一次。双方办理完毕猪场交接手续后 15 个工作日内乙方支付第一年租金；第一年租赁期满后20个工作日内乙方支付第二年租金，逾期15天未足额支付租金，每天按照应付租金额的0.1‰计算滞纳金。

第五条　双方权属

1、涉及甲方的债权债务由甲方负责，涉及乙方的债权债务由乙方负责，互不牵涉。

2、租赁财产所有权属于甲方。乙方对租赁的财产只有使用权，没有所有权。乙方不得擅自改变租用用途。

3、甲方必须保证对租赁标的物具有完全的所有权和处理权，并向乙方提供相关书面证明材料。

4、未经甲方同意，乙方不得擅自将租赁财产的使用权转租、转让、抵押给第三方。

2017.9.15

第六条　双方约定

1、租赁期内，乙方如需对租赁财产进行大规模的改造维修和新建，应提交书面方案经甲方同意后实施，如果擅自破坏建筑物墙体结构、地面混凝土、猪舍围栏、供水供电排污系统等，乙方承担复原或照价赔偿责任。

2、租赁期内，乙方在使用租赁物进行生产经营所产生的各项费用（包括但不限于乙方改造费、维修费、水电气费、人员工资、消毒防疫检疫费、申请安装电话、宽带、有线电视等设备以及卫生治安费等）均由乙方承担；猪场土地租金由甲方承担。

3、租赁期内，乙方需做好防火、防盗、防洪、用电以及人员财产安全管理工作，出现任何安全事故，由乙方全部负责。

4、租赁期内，甲方负责协助乙方协调和维护猪场周边村民关系和治安秩序，营造良好的经营环境，确保猪场正常生产。

5、租赁期内，在不影响乙方正常生产经营和满足乙方生物安全管理制度的情况下，乙方有责任配合协助甲方接待外来组织和个人调研、视察、参观、检查等。

6、租赁期内，甲方有权对租赁财产进行监管，避免租赁财产流失或被擅自破坏，但需提前告知乙方并按照乙方规定的消毒程序后方可进入。

7、租赁期内，如猪场因为环保等原因导致百姓投诉或举报，由此产生的赔偿和其他损失应由甲方承担，但属于乙方管理原因而导致的上述情况除外。

8、租赁期内，甲方应在猪场周边配套农田种植农作物，用于猪场粪污（干粪和沼液）的消纳。

9、租赁期满，如果乙方不再续租，乙方在损毁甲方原有设施设备基础上而改造或添置的财产（以下简称改造添置财产）归甲方享有。乙方在未损毁甲方原有设施设备基础上而新建或添置的财产（以下简称新建添置财产）归乙方享有。

10、租赁期内，如遇政府规划占用猪场，甲方应及时通知乙方，乙方在政策法定时限内无条件撤出，剩余租金由甲方根据乙方使用时间计算退还，甲方投入的原有固定资产和乙方的改造添置财产所获赔偿及土地赔偿归甲方享有；乙方的新建添置财产所获赔偿归乙方享有，搬迁补偿由乙方享有。

[redacted]

2017.9.15

第七条、甲方违约责任

租赁期内，在乙方没有违反本合同的情况下，甲方有下列行为之一的视为违约，违约方应向守约方赔偿违约损失：

1、甲方擅自提前解除合同或中途退租，视为甲方违约；

2、甲方擅自将租赁物出租、转让、抵押、出售给第三方或将租赁物以出资、联营、合作等任何形式导致乙方无法正常生产经营，视为甲方违约；

3、甲方非法干预乙方正常生产经营，视为甲方违约。

4、甲方因债务纠纷导致其相关债权人对乙方使用租赁物采取各种干扰、制裁手段包括非法律途径影响乙方正常生产经营，视为甲方违约。

5、甲方对乙方所报送基础设施配套完善维修方案，须在 5 个工作日内审核并反馈意见，不得拖延，如逾期审查致使乙方无法正常生产经营，视为甲方违约；

6、甲方未按时向乙方交付租赁财产，视为甲方违约。

7、甲方不按时协调、维护猪场周边村民关系和治安秩序以及猪场环保纠纷等问题，导致乙方不能正常进行生产经营活动的，视为甲方违约。

第八条、乙方违约责任

租赁期内，在甲方没有违反本合同的情况下，乙方有下列行为之一的视为违约，违约方应向守约方赔偿违约损失：

1、乙方擅自提前解除合同或中途退租，视为乙方违约；

103

2、乙方擅自将租赁物转租、转让、抵押、出售给第三方或将租赁物以出资、联营、合作等任何形式给甲方造成损失，视为乙方违约；

3、乙方因债务纠纷导致其相关债权人对甲方租赁物采取各种干扰、制裁手段包括非法律途径给甲方造成损失，视为乙方违约。

4、乙方擅自改变租赁用途，或利用该租赁物进行违法活动，视为乙方违约；

5、乙方擅自对租赁财产新建、改造破坏甲方原有资产，给甲方造成损失，视为乙方违约；

6、乙方拖付租金时间长达 3 个月以上，视为乙方违约；

7、租赁期满乙方不再续租，且乙方未在 45 日内交接租赁财产，视为乙方违约；

第九条、免责条件

若租赁物因不可抗力导致损毁双方互不承担赔偿责任。

第十条、 争议解决方式

本合同出现争议，甲乙双方应友好协商解决，协商不成的，任何一方均可向所在地人民法院起诉。

第十一条、 其他说明

1、本合同未尽事宜，经甲乙双方协商一致，可订立补充条款，补充条款及附件均为本合同不可分割的一部分。

2、本合同甲、乙双方签字盖章后生效，本合同一式肆份，甲、乙双方各执贰份。

[redacted]

甲方：崇州[redacted]家庭农场

代表人：解[redacted]（签字）

户名：解[redacted]

开户银行：中国建设银行崇州支行

账号：621[redacted]

与原件核对无误		
提供者签名	[redacted]	
执法人员签名	[redacted]	[redacted]
执法证号	[redacted]	[redacted]
取证日期	2017.9.15	

乙方：成都[redacted]农牧科技有限公司

代表人：[redacted]（签字）

签订日期：2016年8月5日

105

都江堰[redacted]科技有限公司

18

章　　程

第一章 总 则

第一条 公司宗旨：通过有限责任公司组织形式，由股东共同出资，筹集资本金，建立新的经营机制，为振兴经济作出贡献。依照《中华人民共和国公司法》和《中华人民共和国公司登记管理条例》的规定，制定本公司章程。

第二条 公司名称：都江堰[redacted]科技有限公司。（以下简称公司）

第三条 公司住所：都江堰市[redacted]

第四条 公司由 2 个股东共同出资设立。股东以其认缴出资额为限对公司承担责任；公司以其全部资产对公司的债务承担责任。公司享有由股东投资形成的全部法人财产权，依法享有民事权利，承担民事责任，具有企业法人资格。

第五条 经营范围：生猪养殖、销售。

生猪养殖技术研究（修改人：周[redacted] 2011年10月18日）

营业期限：长期

第六条 公司营业执照签发之日，为本公司成立之日。

第二章 注册资本、认缴出资额、实缴出资额

第七条 公司注册资本为 850 万元人民币，公司实收资本为 850 万元人民币。公司注册资本为在公司登记机关依法登记的全体股东认缴的出资额，实收资本为全体股东实际交付并经公司登记机关依法登记的出资额。

第八条 股东名称、认缴出资额、实缴出资额、出资方式、出资时

1

106

与原件核对无误		
提供者签名	[redacted]	2017.9.15
执法人员签名	[redacted]	[redacted]
执法证号	[redacted]	[redacted]
取证日期	2017.9.15	

间一览表。

股东名称（姓名）	认缴情况			实缴情况		
	认缴出资额	出资方式	认缴期限	实缴出资额	出资方式	出资时间
成都[redacted]有限公司	561 万元	货币	2011.10.13	561 万元	货币	2011.9.21
都江堰市[redacted]投资有限责任公司	289 万元	货币	2011.10.13	289 万元	货币	2011.10.12

（注：出资方式及出资额应写明：货币、实物、知识产权、土地使用权等及其相应的金额）

第九条 各股东认缴、实缴的公司注册资本应在申请公司登记前，委托会计师事务所进行验证。

第十条 公司登记注册后，应向股东签发出资证明书。出资证明书应载明公司名称、公司成立日期、公司注册资本、股东的姓名或者名称、缴纳的出资额和出资日期、出资证明书的编号和核发日期。出资证明书由公司盖章。出资证明书一式两份，股东和公司各持一份。出资证明书遗失，应立即向公司申报注销，经公司董事会审核同意予以补发。

第十一条 公司应设置股东名册，记载股东的姓名、住所、出资额及出资证明书编号。

第三章 股东的权利、义务和转让出资的条件

第十二条 股东作为出资者按投入公司的资本额，享有资产受益、

第四十七条　因本章程产生的或与本章程有关的争议，选择下列第（一）种方式解决：

（一）提交成都仲裁委员会仲裁；

（二）依法向人民法院起诉。

第四十八条　公司章程与国家法律、行政法规、国务院决定等有抵触，以国家法律、行政法规、国务院决定等为准。

法人股东（盖章）：成都[redacted]有限公司

法人代表签字：

法人股东（盖章）：都江堰市[redacted]投资有限责任公司

法人代表签字：

2011 年 8 月 20 日

108

准予变更登记通知书

(崇州)登记内变(备)字2011第00[redacted]号

成都[redacted]有限公司：

经审查，提交的名称变更(原名称

成都[redacted]有限公司

变更后名称

成都[redacted]农牧科技有限公司)

登记申请，申请材料齐全，符合法定形式，我局决定准予变更登记。我局将于10日内通知你单位换领营业执照。

与原件核对无误			
提供者签名		2017.9.15	
执法人员签名			
执法证号			
取证日期	2017.9.15		

2011年12月31日

都江堰[redacted]科技有限公司 5101815015376

109

准予变更登记通知书

(成)登记内变字[2016]第000651号

成都[redacted]农牧科技有限公司：

经审查，提交的名称变更（原名称

成都[redacted]农牧科技有限公司，

变更后名称

[redacted]农牧股份有限公司）

登记申请，申请材料齐全，符合法定形式，我局决定准予变更登记。我局将于10日内通知你单位换领营业执照。

与原件核对无误		
提供者签名	[redacted]	2017.9.15
执法人员签名	[redacted]	[redacted]
执法证号	[redacted]	[redacted]
取证日期	2017.9.15	

2016年07月05日

行政许可(审批)专用章

本报告共10页，向成都市动物卫生监督所提供，110

都江堰[redacted]科技有限公司
关于对存在违法行为的整改报告

唐[redacted] 2017.9.18

成都市动物卫生监督所各位领导：

你们好，贵所2017年9月8日到我公司监督检查时，发现我公司存在仔猪转运到配套场未按规定进行检疫申报，违反了《动物防疫法》的相关规定。最初公司上下都认为自己公司的猪只内部转运没有产生经营行为是合法的，结果对因为法律的不了解，造成了此违法行为。对此，集团公司高度重视，公司领导层立即采取了行动，现将整改情况报告如下：

一、2017年9月9日，唐[redacted]总经理立即组织召开紧急会议，学习了《动物防疫法》，确保不再因为理解偏差造成一些违法行为。同时，公司还安排各部门立即对照法律规定，认真梳理自身工作，查漏补缺，查找公司在经营过程是否还有其它没有做好的工作。

二、2017年9月11日，也就是贵所在都江堰猪场核查的当天，[redacted]农牧总部通过公司工作微信群进行《动物防疫法》的宣传，要求每个猪场必须及时组织学习《动物防疫法》。2017年9月12日早上8点半，[redacted]农牧总部下发了《关于转场、猪只销售检疫票证开具及引种报检等相关事宜的紧急通知》，要求各猪场立即组织学习，不得出现任何违反行为，一旦发现，立即追究法律责任，并开除违法人员。

三、因为之前没有做好这方面的工作，和制度的不完善也有一定关系，鉴于此问题，我公司及时修改完善了相关动物检疫申报制度，进一步落实了责任人和时间节点，完善了责任追究，确保制度能够落实。

四、2017 年 9 月 12 日，我公司召开专题会议，研究决定对相关责任人的处罚。经研究，决定对场长唐和后勤部主任聂经济处罚。

下一步，我公司将继续深入学习《动物防疫法》等相关法律法规，9 月 18 日在崇州和农发局做一次深入交流，9 月 25 日场长月度会议再次进行《动物防疫法》的培训，以上情况还请贵所审查。

附件：

1、 培训学习《动物防疫法》的照片；

2、 公司工作微信群对检疫申报要求；

3、 农牧股份有限公司《关于转场、猪只销售检疫票证开具及引种报检等相关事宜的紧急通知》；

4、 都江堰科技有限公司动物检疫申报制度；

5、 都江堰科技有限公司《关于对相关责任人进行处罚的通知》。

都江堰科技有限公司

2017 年 9 月 18 日

112

附件一：

培训学习《动物防疫法》照片

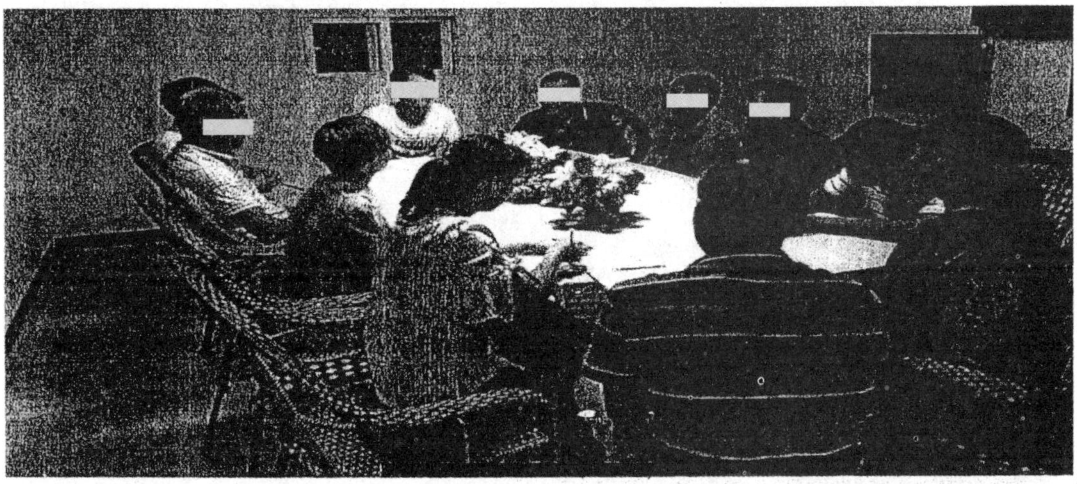

附件二：公司工作微信群对检疫申报要求（照片）;

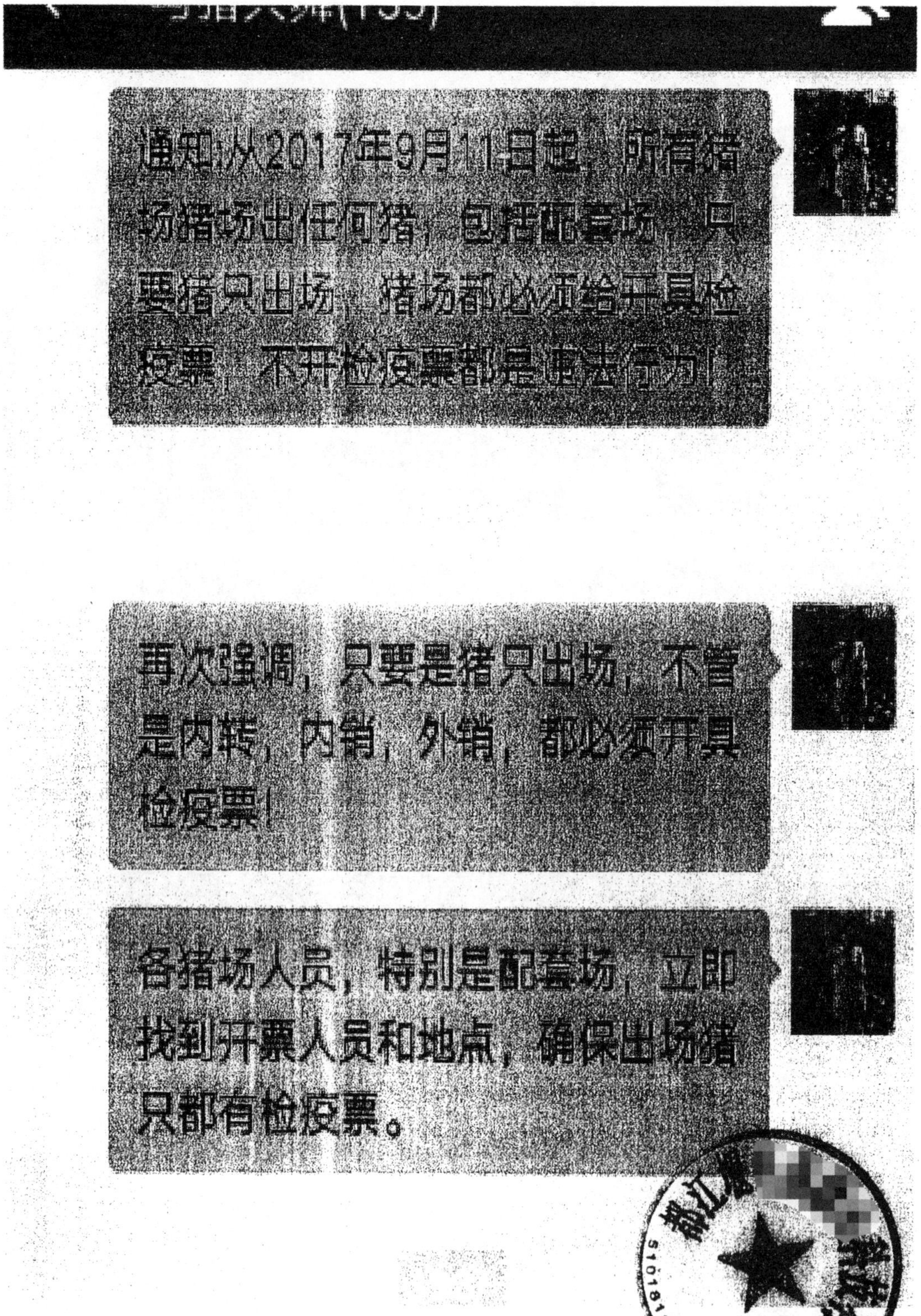

附件三：

[redacted]农牧股份有限公司《关于转场、猪只销售检疫票证开具及引种报检等相关事宜的紧急通知》

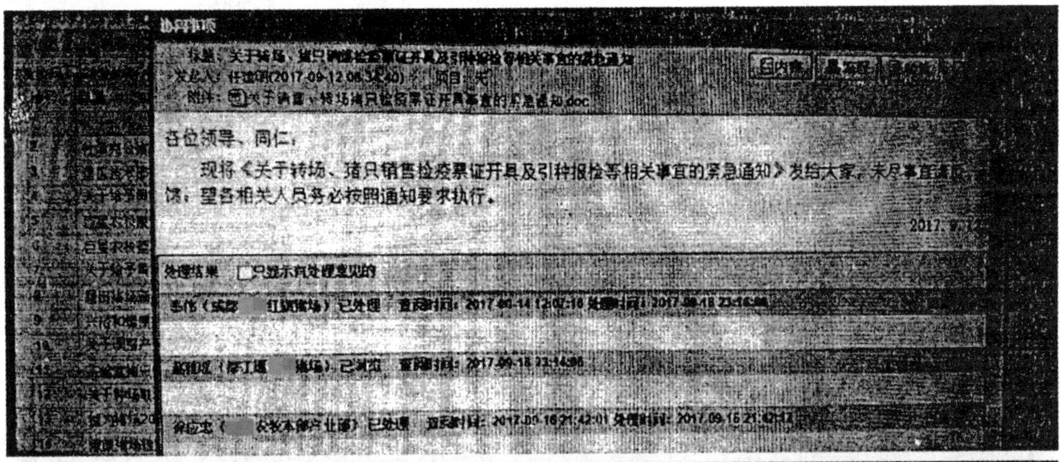

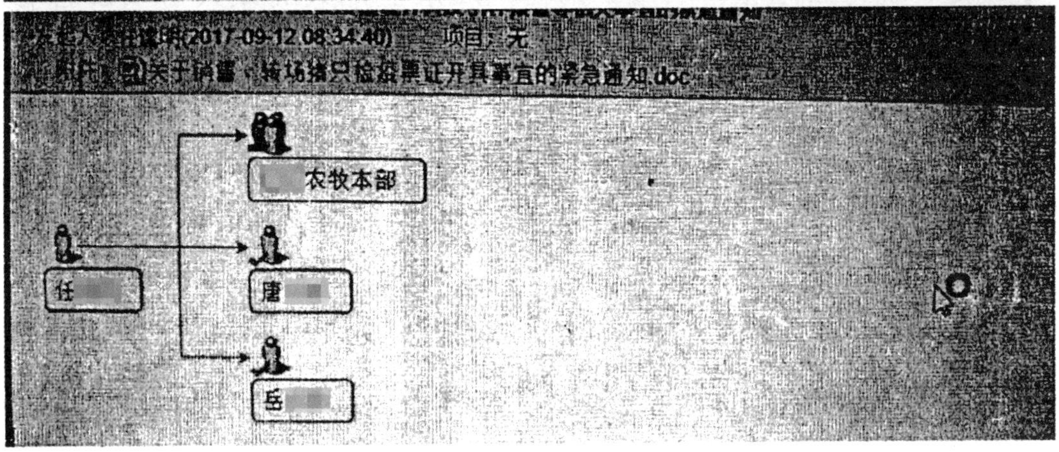

115

[redacted]农牧股份有限公司

关于转场、猪只销售检疫票证开具及引种报检等相关事宜的紧急通知

公司下属各部门、各种场、配套场、寄养场：

根据《中华人民共和国动物防疫法》第四十二条“屠宰、出售或者运输动物及出售或运输动物产品前，货主应当按照国务院兽医主管部门的规定向当地动物卫生监督机构申报检疫。动物卫生监督机构接到检疫申请后，应及时指派官方兽医对动物、动物产品实施现场检疫”之规定，现将公司猪只转场、销售检疫票证开具的相关事项紧急通知如下：

1、公司下属各场、配套场、寄养场销售、向场外转运任何猪只（包括种场转寄养、寄养场之间转运、种场转配套场、配套场转种场、寄养场肥猪销售、种场肥猪销售及种场母猪淘汰销售、仔猪或残次猪销售、寄养场残次猪销售等）必须向猪场所在地的动物检疫机构（报检点）报检办理检疫证明，无检疫证明的任何猪只不得转场或销售；对不能办理检疫证明的猪只一律人工处死报保险（或无害化处理）。

2、猪只销售、转场应由公司分管内勤提前3天向相关种场场长（场长职务代理人）、配套场主管（职务代理人）、寄养场管理员OA下达销售通知单，各种场、配套场、管理员等相关人员必须在猪只销售或转运前办理好检疫证明（提前开具的检疫证明上应注明启运时间）。

3、办理检疫证明应提前3天向所在地动物检疫报检点申请检疫。

116

4、向所在地动物检疫机构（报检点）申报检疫后相关检疫机构（报检点官方兽医）没在《中华人民共和国动物防疫法》规定的时间内（3天内）到场检疫或出现故意刁难不开检疫证明的行为，可向当地兽医主管部门或其上级主管业务部门进行书面申诉。

5、转场、销售的猪只数量、防疫耳标号必须报检猪只的数量、防疫耳标号一致。

6、公司外引种必须办理引种证明；跨省或国外引种必须办理相关检疫、引种手续，种猪到达隔离场当天应向隔离场所在地的报检点及所属动物检疫机构报检。

7、检疫证明办理责任人：寄养场：分管片区管理员；种场仔猪转寄养或配套场：种场场长（或场长职务代理人）；配套场转种场或种猪销售：配套场主管（或职务代理人）；泸县[redacted]（包括兴旺）、[redacted]、[redacted]所有猪只的销售或转场：场长或场长职务代理人；[redacted]、[redacted]、[redacted]、[redacted]、[redacted]、[redacted]、[redacted]、[redacted]、[redacted]、[redacted]、[redacted]、杯金淘汰母猪销售、肥猪及仔猪销售：[redacted]。

8、 请各相关人员务必严格执行。违反通知精神的造成法律责任追究的由责任人承担法律责任；造成公司经济损失的报公司按照相关人事制度处理。

9、本通知自下发之日起执行。

[redacted]农牧股份有限公司

2017年9月12日

附件四：

117

都江堰[redacted]科技有限公司
动物检疫申报制度

根据《中华人民共和国动物防疫法》第四十二条“屠宰、出售或者运输动物及出售或运输动物产品前，货主应当按照国务院兽医主管部门的规定向当地动物卫生监督机构申报检疫。动物卫生监督机构接到检疫申请后，应及时指派官方兽医对动物、动物产品实施现场检疫”之规定。特制定都江堰猪业科技有限公司动物检疫申报制度，具体要求如下：

都江堰[redacted]科技有限公司向场外转运任何猪只（包括种场转寄养、寄养场之间转运、种场转配套场、配套场转种场、寄养场肥猪销售、种场肥猪销售及种场母猪淘汰销售、仔猪或残次猪销售、寄养场残次猪销售等）必须向猪场所在地的动物检疫机构（报检点）报检办理检疫证明，无检疫证明的任何猪只不得转场或销售；对不能办理检疫证明的猪只一律人工处死报保险（或无害化处理）；

2、猪只销售、转场应由都江堰[redacted]科技有限公司后勤部主管提前3天向相关种场场长（场长职务代理人）、配套场主管（职务代理人）、寄养场管理员、销售部OA下达销售通知单；

3、在确定猪只计划流向后，都江堰[redacted]科技有限公司后勤部主管需提前3天向所在地动物检疫报检点申请检疫。

4、向所在地动物检疫机构（报检点）申报检疫后，相关检疫机构（报检点官方兽医）没在《中华人民共和国动物防疫法》规定的时间内（3 天内）到场检疫或出现故意刁难不开检疫证明的行为，可向当地兽医主管部门或其上级主管业务部门进行书面申诉；

5、都江堰[redacted]科技有限公司后勤部主管需核实并提供转场、销售的猪只数量、防疫耳标号必须报检猪只的数量、防疫耳标号一致；

6、公司外引种必须办理引种证明；跨省或国外引种必须办理相关检疫、引种手续，种猪到达隔离场当天应向隔离场所在地的报检点及所属动物检疫机构报检；

7、检疫证明办理责任人：都江堰[redacted]科技有限公司后勤部主管，猪场场长负连带责任加倍处罚。

8、对违反此制度的，造成法律责任追究的由责任人承担法律责任；造成公司经济损失的按照公司相关人事制度处理；

9、此制度自下发之日起执行。

都江堰[redacted]科技有限公司

2017 年 9 月 1 日

附件五：

都江堰[redacted]科技有限公司
关于对相关责任人处罚的通知

公司各部门：

在2017年9月8日，公司因违反了《动物防疫法》，被成都市动物卫生监督所检查到，对公司造成了巨大影响，鉴于管理人员是属于认知错误造成的，非主动违法，鉴于此，从轻处罚，具体处罚如下：

1、猪场场长唐[redacted]：直接罚款2400元，取消2017年年终奖励。

2、猪场后勤主管聂[redacted]：直接罚款1200元，2017年年终奖励减半。

罚款在9月工资中扣除。

都江堰[redacted]科技有限公司

2017年9月13日

成都市农业综合执法总队
成都市动物卫生监督所

成都市动物卫生监督所
关于查询检疫证明有关情况的函

都江堰市动物卫生监督所:

兹有都江堰[redacted]科技有限公司涉嫌运输依法应当检疫而未经检疫的动物一案，现请贵所查询都江堰[redacted]科技有限公司从2015年9月19日至2017年9月8日期间申请产地检疫的记录,请将查询结果及时函复我所。

特此函询。

成都市动物卫生监督所

2017年9月14日

信息公开类别：不予公开

成都市动物卫生监督所　　2017年9月14日印发

都江堰市动物卫生监督所
关于查询检疫证明有关情况的回复

成都市动物卫生监督所：

2017年9月14日，我所接到《成都市动物卫生监督所关于查询检疫证明有关情况的函》，立即进行了查询，现将查询结果函告如下：

一、2015年9月19日至2017年9月8日，都江堰市[redacted]科技有限公司未向都江堰市动物卫生监督所及都江堰市动物检疫申报点申报过产地检疫。

二、通过四川省电子出证系统查询，2015年9月19日以前有都江堰市[redacted]科技有限公司的动物产地检疫出证记录。2015年9月19日至2017年9月8日，无都江堰市[redacted]科技有限公司的动物产地检疫出证记录。

都江堰市动物卫生监督所

2017年9月14日

成都市动物卫生监督所

成都市动物卫生监督所
关于调查动物疫情有关情况的函

都江堰市动物卫生监督所：

兹有都江堰[redacted]科技有限公司涉嫌运输依法应当检疫而未经检疫的动物一案，现请贵所调查：2015 年 9 月 19 日至 2017 年 9 月 8 日期间，都江堰[redacted]科技有限公司及周围五千米范围有无生猪疫情发生；若有疫情发生，是否由都江堰[redacted]科技有限公司引起。请将调查结果及时函复我所。

特此函询。

成都市动物卫生监督所

2017 年 9 月 25 日

123

成都市动物卫生监督所

成都市动物卫生监督所
关于调查动物疫情有关情况的函

崇州市动物卫生监督所：

兹有都江堰[redacted]科技有限公司涉嫌运输依法应当检疫而未经检疫的动物一案，现请贵所调查：2015 年 9 月 19 日至 2017 年 9 月 8 日期间，崇州市[redacted]家庭农场及周围五千米范围有无生猪疫情发生；若有疫情发生，是否由崇州市[redacted]家庭农场引起。请将调查结果及时函复我所。

特此函询。

成都市动物卫生监督所

2017 年 9 月 25 日

都江堰市动物卫生监督所

都动监〔2017〕7号

都江堰市动物卫生监督所
关于查询动物疫情有关情况的回复

成都市动物卫生监督所：

2017年9月25日，我所接到《成都市动物卫生监督所关于查询动物疫情有关情况的函》，立即进行了调查，现将调查结果函告如下：

2015年9月19日至2017年9月8日期间，都江堰[redacted]科技有限公司及周围五千米范围无生猪疫情发生。

都江堰市动物卫生监督所

2017年9月25日

崇州市动物卫生监督所

崇州市动物卫生监督所
关于调查动物疫情有关情况的复函

成都市动物卫生监督所：

2017年9月25日，我所接到《成都市动物卫生监督所关于调查动物疫情有关情况的函》后，立即进行了调查，现将调查结果函复如下：

2015年9月19日至2017年9月8日期间，崇州市[redacted]家庭农场及周围五千米范围无生猪疫情发生。

崇州市动物卫生监督所

2017年9月25日

动物防疫条件合格证

（蓉都江堰）动防合字第2-[redacted]号

代码编号：51310[redacted]

单位名称：都江堰[redacted]科技有限公司

法定代表人（负责人）：岳[redacted]

单位地址：都江堰市[redacted]

经营范围：生猪养殖

与原件核对无误		
提供者签名	[redacted]	2017.9.8
执法人员签名	[redacted]	[redacted]
执法证号	[redacted]	[redacted]
理证日期	2017.9.8	

根据《中华人民共和国动物防疫法》规定，经审查，动物防疫条件合格，特发此证。

发证机关（盖章）

二〇一二年五月三日

中华人民共和国农业部监制

126

与原件核对无误

提供者签名	[redacted]
执法人员签名	[redacted]
执法证号	[redacted]

2017.9.8

种畜禽生产经营
许可证
（副本）

单位名称：都江堰[redacted]科技有限公司种猪场

法定代表人：岳[redacted]

单位地址：四川省成都市都江堰市[redacted]

生产范围：长白猪、大约克夏猪 原种

经营范围：长白猪、大约克夏猪

有效日期 自 2015 年 11 月 16 日
至 2018 年 11 月 15 日

发证机关 四川省农业厅

（2015）编号：川A00[redacted]

注意事项

一、从事种畜禽生产经营或者生产商品代仔畜、雏禽的单位、个人，应当取得种畜禽生产经营许可证。申请人持种畜禽生产经营许可证依法办理工商登记，取得营业执照后，方可从事生产经营活动。

二、家畜卵子、冷冻精液、胚胎等遗传材料的生产经营许可证由农业部负责发放。

三、禁止任何单位、个人无种畜禽生产经营许可证或者违反种畜禽生产经营许可证的规定生产经营种畜禽。禁止伪造、变造、转让、租借种畜禽生产经营许可证。

四、农户饲养的种畜禽用于自繁自养和有少量剩余仔畜、雏禽出售的，农户饲养种公畜进行互助配种的，不需要办理种畜禽生产经营许可证。

照片粘贴表

证据制作说明：

1、拍 摄 人：胡[redacted] 韩[redacted] 胡[redacted] 韩[redacted]

2、拍摄时间：2017 年 9 月 8 日

3、拍摄地点：都江堰市[redacted]

4、证据内容：都江堰[redacted]科技有限公司大门

5、当事人签名：[redacted] 2017. 9. 8

照片粘贴表

证据制作说明：

1、拍 摄 人：郭[redacted]、曾[redacted]

2、拍摄时间：2017.9.12.

3、拍摄地点：崇州市[redacted]

4、证据内容：崇州市[redacted]家庭农场生猪饲养圈

5、当事人签名：[redacted] 2017.9.12 属实 唐[redacted] 2017.9.12

130

照片粘贴表

证据制作说明：

1、拍 摄 人：韩[redacted] [redacted]

2、拍摄时间：2017.9.12

3、拍摄地点：崇州市[redacted]

4、证据内容：崇州市[redacted]家庭农场大门

5、当事人签名：[redacted]2017.9.12 屈宋 崔[redacted]2017.9.12

照片粘贴表

证据制作说明：

1、拍 摄 人：[redacted]

2、拍摄时间：2017.9.12.

3、拍摄地点：崇州市[redacted]

4、证据内容：都江堰[redacted]科技有限公司用于运输生猪的车辆

5、当事人签名：[redacted] 2017.9.12 [redacted] 2017.9.12

132

照片粘贴表

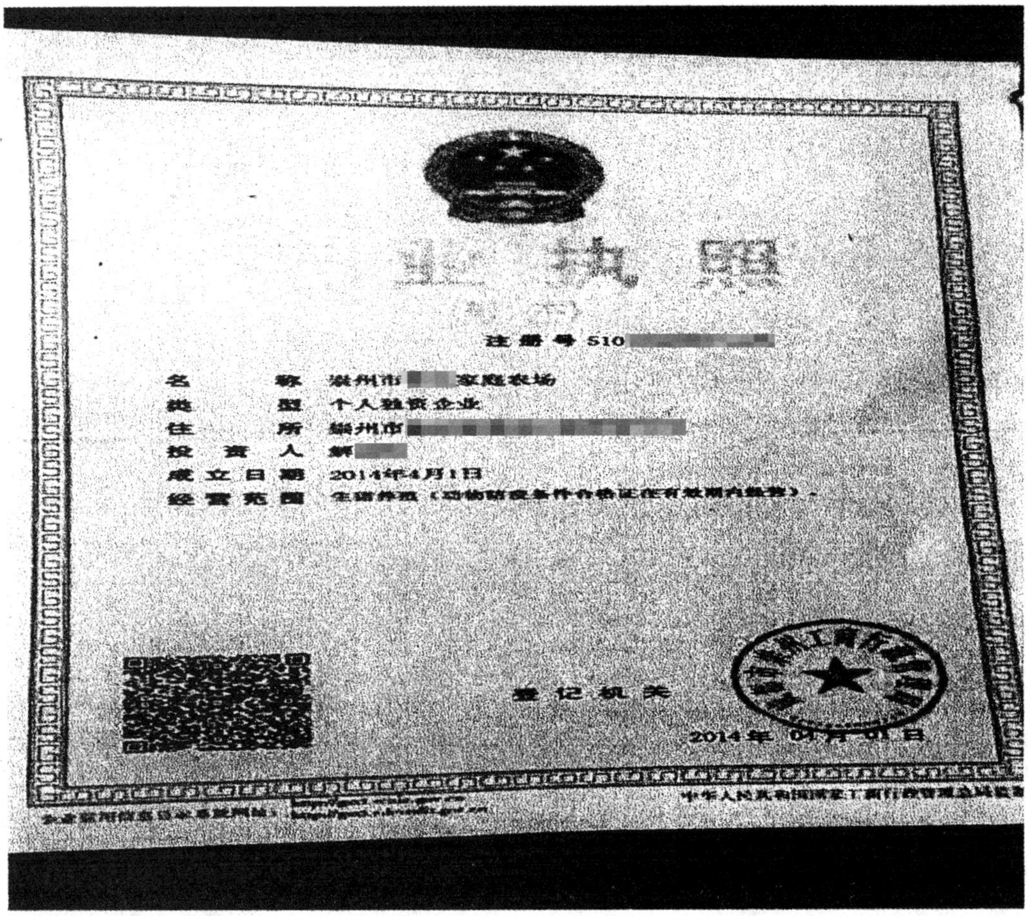

证据制作说明：

1、拍 摄 人：

2、拍摄时间：2017.9.12.

3、拍摄地点：崇州市

4、证据内容：崇州市 家庭农场营业执照副本

5、当事人签名： 2017.9.12

照片粘贴表

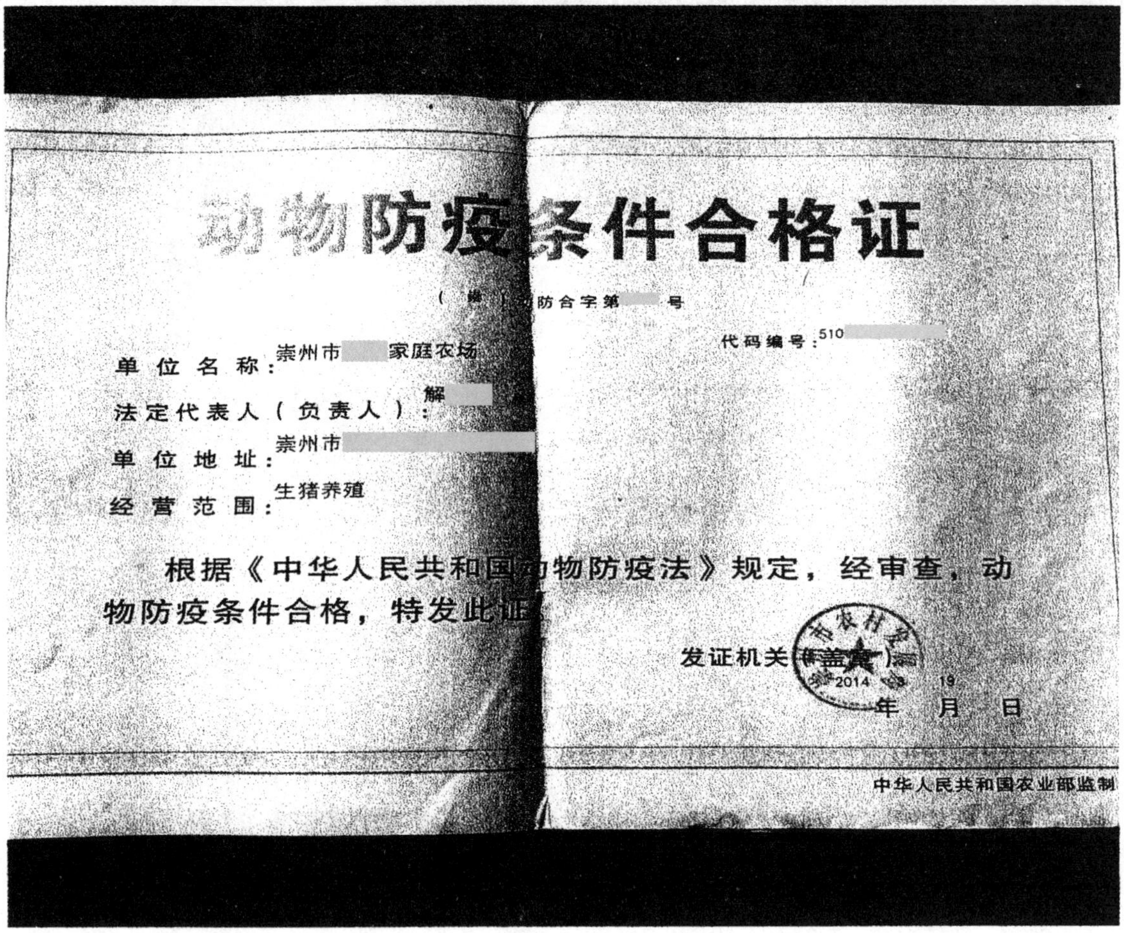

证据制作说明：

1、拍 摄 人：

2、拍摄时间：2017.9.12

3、拍摄地点：崇州市

4、证据内容：崇州市 家庭农场动物防疫条件合格证副本

5、当事人签名： 2017.9.12

134

与原件核对无误	
提供者签名	[redacted]
执法人员签名	[redacted]
执法证号	[redacted]
取证日期	2017.9.15

营业执照

统一社会信用代码 915[redacted]

名　　称　[redacted]农牧股份有限公司

类　　型　其他股份有限公司（非上市）

住　　所　崇州市[redacted]

法定代表人　段[redacted]

注册资本　（人民币）壹亿玖仟壹佰贰拾捌万壹仟柒佰叁拾肆元

成立日期　2008年7月7日

营业期限　2008年7月7日至永久

经营范围　生产、加工、销售：畜禽、饲料及饲料添加剂，淡水鱼养殖，销售，肉食品的生产，加工，销售（仅限分支机构经营）；畜禽养殖技术研究、服务；畜禽粪污处理；粮食、饲料原料购销；农副产品（不含国家规定的特殊产品）销售；货物进出口。（依法须经批准的项目，经相关部门批准后方可开展经营活动）。

登记机关

2016 年 12 月 09 日

企业信用信息公示系统网址：http://gsxt.saic.gov.cn http://gsxt.cdcredit.gov.cn

中华人民共和国国家工商行政管理总局监制

135

证　明

兹证明：

岳[redacted]、唐[redacted]、聂[redacted]是都江堰[redacted]科技有限公司（（以下简称“我公司 ”）员工，其中岳[redacted]（身份证号：513[redacted]）为我公司法定代表人；唐[redacted]（身份证号：342[redacted]），为我公司场长，负责生产管理工作；聂[redacted]（身份证号：513[redacted]）为我公司后勤主管，负责对外事务及检疫申报事务。

都江堰[redacted]科技有限公司

2017年9月13日

向成都市动物卫生监督所提供

唐[redacted]

2017年9月14日.

136

证 明

兹证明：

李[redacted]，男，身份号码： 511[redacted]，为我公司在职员工，任职生产部经理；

罗[redacted]，男，身份证号码：510[redacted]，为我公司在职员工，任职货车驾驶员；

荣[redacted]，男，身份证号码：510[redacted]，为我公司在职员工，为我公司派驻崇州市[redacted]家庭农场场长。

特此证明！

自成都市动物卫生监督所提供。

[redacted]

2017年9月14日

[redacted]农牧股份有限公司

2017 年 9 月 13 日

137

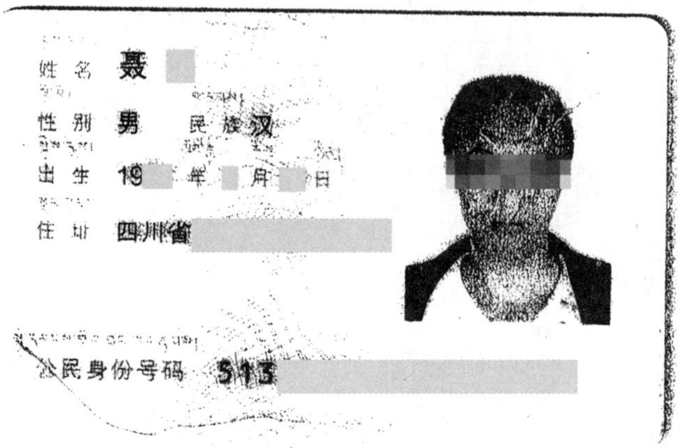

姓名 聂[redacted]

性别 男 民族 汉

出生 19[redacted]年[redacted]月[redacted]日

住址 四川省[redacted]

公民身份号码 513[redacted]

[redacted]件核对无误	
提供[redacted]名	唐[redacted] 2017.9.8
执法人员签名	[redacted]
执法证号	川A[redacted] 川A[redacted]
取证日期	2017.09.08

中华人民共和国

居民身份证

签发机关 [redacted]县公安局

有效期限 2017.07.19-长期

138

姓名 荣[redacted]

性别 男 民族 汉

出生 19[redacted]年[redacted]月[redacted]日

住址 四川省[redacted]

[redacted]

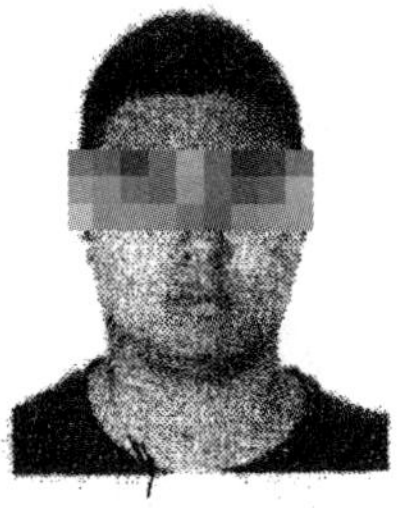

公民身份号码 510[redacted]

与原件核对无误	
提供人签名	[redacted] 2017.9.12
执法人员签名	李[redacted]
执法证号	川A[redacted]
取证日期	2017.9.12

中华人民共和国

居民身份证

签发机关 [redacted]县公安局

有效期限 2016.06.27-2036.06.27

139

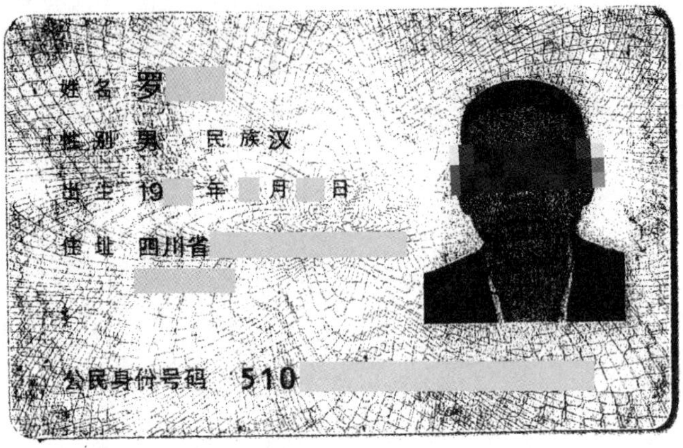
姓名 罗[redacted]
性别 男 民族 汉
出生 19[redacted]年[redacted]月[redacted]日
住址 四川省[redacted]
[redacted]
公民身份号码 510[redacted]

中华人民共和国
居民身份证
签发机关 [redacted]市公安局
有效期限 2006.06.05-2026.06.05

与原件核对无误	
提供者签名	[redacted] 2017.9.12.
执法人员签名	[redacted]
执法证号	MA[redacted]
取证日期	2017.9.12

140

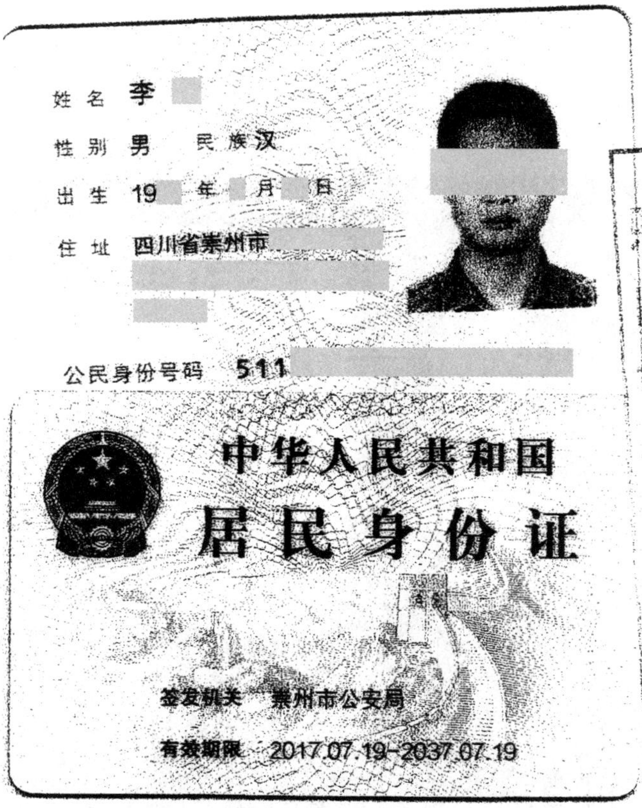

姓名 李[redacted]

性别 男 民族 汉

出生 19[redacted]年[redacted]月[redacted]日

住址 四川省崇州市[redacted]

公民身份号码 511[redacted]

中华人民共和国

居民身份证

签发机关 崇州市公安局

有效期限 2017.07.19-2037.07.19

与原件核对无误

提供人签名 [redacted]

执法人员签名 [redacted]

执法证号

取证日期 2017.9.14.

中华人民共和国机动车行驶证
Vehicle License of the People's Republic of China
川A[redacted] 车辆类型 Vehicle Type 中型普通货车
[redacted]农牧股份有限公司
LGDT[redacted]
2012-11-02 2016-03-01

川A[redacted] 检验有效期至2017年11月川A(99)

中华人民共和国机动车驾驶证
Driving License of the People's Republic of China
证号 510[redacted]
住址 四川省成都市[redacted]
出生日期 19[redacted]
四川省成都市公安局交通管理局

中华人民共和国机动车驾驶证副页
证号 510[redacted]
姓名 [redacted] 档案编号 510[redacted]
记录 自2016年03月09日至有效起始日期有效。
请于每个记分周期结束后三十日接受审验。
无记分的，免于本次审验。

成都市动物卫生监督所

重大案件集体讨论记录

案由：都江堰[redacted]科技有限公司运输依法应当检疫而未经检疫动物案

主持人：蒋[redacted]　　　　　　　　**记录人：**杜[redacted]

参加人员：王[redacted]、李[redacted]、曹[redacted]、石[redacted]、李[redacted]、白[redacted]、贾[redacted]、曾[redacted]、袁[redacted]、袁[redacted]、何[redacted]

列席人员：市农委法律顾问黄[redacted]，省农业厅法规处曾[redacted]，市农委法规处张[redacted]，动监支队办案人员

讨论时间：2017 年 9 月 22 日 14：30-16:00

讨论地点：[redacted]市农业综合执法总队二楼会议室

执法机构案情介绍：

李[redacted]：2017 年 9 月 8 日，我支队执法人员在日常执法巡查中发现都江堰[redacted]科技有限公司有涉嫌违法的线索。9 月 11 日，我和副支队长袁[redacted]带队前往该公司调查，搜集相关证据，初步认为涉嫌违法后，报告市动监所负责人同意立案调查，立案时间为 9 月 11 日。9 月 12 日，副支队长袁[redacted]等执法人员前往崇州市调取崇州市[redacted]家庭农场和涉及的相关人员的证据材料，形成证据链。9 月 15 日，市动监支队召集支队领导、办案人员和

各组长，并请综合处处长石[redacted]一起集中研究此案，经过讨论，认为办案人员对该案的案件定性正确、都江堰[redacted]科技有限公司是本案违法行为的适格主体，该公司违法事实清楚、证据确凿，但[redacted]农牧股份有限公司（母公司）与都江堰[redacted]科技有限公司（子公司）关系的证据只有询问笔录，证明力不足，待补充完善后提交市动监所案审会讨论决定。

袁[redacted]：2017年9月8日，我支队执法人员会同都江堰市动物卫生监督所执法人员对都江堰[redacted]科技有限公司进行执法检查，执法人员向该公司场长唐[redacted]出示执法证后依法对该公司进行了执法检查，检查时发现该场的仔猪在出场时未向当地动物卫生监督机构申报产地检疫。执法人员现场电话联系了该公司法定代表人岳[redacted]，岳[redacted]表示此时正在外地出差无法到现场，同意委托该场场长唐[redacted]接受调查。执法人员现场提取了都江堰[redacted]科技有限公司的《动物防疫条件合格证》正本复印件、《营业执照》副本复印件和《种畜禽生产经营许可证》副本复印件，都江堰[redacted]科技有限公司法定代表人岳[redacted]、场长唐[redacted]和后勤主任聂[redacted]的身份证复印件；提取了该公司2015年11月5日到2017年2月22日期间的调拨台账打印件，执法人员对都江堰[redacted]科技有限公司进行了拍照取证，制作了现场检查笔录，对该公司场长唐[redacted]、后勤主任聂[redacted]进行了调查询问。

为了查清当事人涉嫌运输依法应当检疫而未经检疫动物案的

具体行为，2017 年 9 月 11 日，本机关执法人员会同都江堰市动物卫生监督所执法人员再次对当事人进行现场调查取证。执法人员现场收集了《授权委托书》、《猪只转群记录单》、《都江堰[redacted]科技有限公司生猪调拔价格台账》，对当事人的被委托人唐[redacted]进行了调查询问，并制作了现场检查笔录和现场勘验笔录。

2017 年 9 月 12 日，本机关执法人员到位于崇州市[redacted]的崇州市[redacted]家庭农场进行调查取证。执法人员现场对崇州市[redacted]家庭农场的场地、运输车辆、《动物防疫条件合格证》正本和《营业执照》副本进行了拍照取证，现场提取了[redacted]农牧股份有限公司驾驶人罗[redacted]和崇州市[redacted]家庭农场场长荣[redacted]的身份证复印件、养殖器具租赁合同复印件，现场对罗[redacted]、荣[redacted]进行了调查询问。

2017 年 9 月 14 日，本机关执法人员依法收集了当事人和[redacted]农牧股份有限公司提供的《证明》，[redacted]农牧股份有限公司生产部经理李[redacted]的身份证复印件，对李[redacted]和唐[redacted]进行了调查询问。本机关向都江堰动物卫生监督所函询当事人转运生猪时在当地的检疫申报情况，都江堰动物卫生监督所于当日函复本机关。

2017 年 9 月 15 日，本机关执法人员依法收集了由唐[redacted]提供的《都江堰[redacted]科技公司章程》，《准予变更登记通知书》（（崇州）登记内变（备）字 2011 第 001122 号）复印件和《准予变更登记通知书》（（成）登记内变字〔2016〕第 000651 号）

复印件；李[redacted]提供的《营业执照》和转账通知单复印件、增值税发票复印件、《猪场租赁合同》复印件，对唐[redacted]、李[redacted]进行了调查询问。

2017 年 9 月 18 日，唐[redacted]向本机关提供《都江堰[redacted]科技有限公司关于对存在违法行为的整改报告》。

2017 年 9 月 20 日，本机关执法人员再次对唐[redacted]进行调查询问，并提取了猪场种猪销售通知单复印件、记账凭证复印件和上海浦东发展银行（浦发成都都江堰支行）贷记通知复印件。

经调查，现已查明：

（一）都江堰[redacted]科技有限公司是经工商登记注册的法人组织，是本案违法行为的适格主体；其法定代表人：岳[redacted]；当事人地址：都江堰市[redacted]。[redacted]农牧股份有限公司是当事人的母公司。崇州市[redacted]家庭农场是当事人的配套场，地址：崇州市[redacted]；该配套场是以[redacted]农牧股份有限公司名义租用的，租金由当事人支付。

（二）2015 年 9 月 19 日以前当事人运输仔猪到配套场有检疫出证记录。2015 年 11 月 4 日到 2017 年 2 月 22 日期间当事人从都江堰市[redacted]运输仔猪到位于崇州市[redacted]的崇州市[redacted]家庭农场没有申报产地检疫。2015 年 9 月 19 日到 2015 年 11 月 3 日和 2017 年 2 月 23 日到 2017 年 9 月 8 日期间，当事人未调拨运输过仔猪。

（三）当事人在 2015 年 11 月 4 日到 2017 年 2 月 22 日期间向崇州[redacted]家庭农场运输了仔猪 26 批次，共计 2924 头,均未经检疫。

（四）当事人在 2015 年 11 月 4 日到 2017 年 2 月 22 日期间向崇州[redacted]家庭农场运输未经检疫的 2924 头仔猪货值金额共计 1448795.00 元。

（五）当事人在 2015 年 11 月 4 日到 2017 年 2 月 22 日期间运输仔猪的车辆为母公司[redacted]农牧股份有限公司的东风[redacted]货车，车牌号为川 A[redacted]；驾驶员为[redacted]农牧股份有限公司的员工罗[redacted]；[redacted]农牧股份有限公司和罗[redacted]均没有收取运输费用。

（六）当事人运输仔猪到崇州市[redacted]家庭农场只是内部转运继续饲养，没有经营行为。

（七）本机关检查发现当事人的违法行为以后，当事人及时采取措施，主动改正违法行为。

依据《动物检疫管理办法》第四条规定：“动物检疫的范围、对象和规程由农业部制定、调整并公布。”和《农业部关于印发<生猪产地检疫规程>等 4 个规程的通知》（农医发〔2010〕20 号），当事人运输的仔猪属于依法应当检疫的动物。当事人运输依法应当检疫而未经检疫动物的行为，违反了《中华人民共和国动物防疫法》第二十五条“禁止屠宰、经营、运输下列动物和生产、经

127

营、加工、贮藏、运输下列动物产品：(三)依法应当检疫而未经检疫或者检疫不合格的”之规定。依据《中华人民共和国动物防疫法》第七十六条“违反本法第二十五条规定，屠宰、经营、运输动物或者生产、经营、加工、贮藏、运输动物产品的，由动物卫生监督机构责令改正、采取补救措施，没收违法所得和动物、动物产品，并处同类检疫合格动物、动物产品货值金额一倍以上五倍以下罚款;其中依法应当检疫而未检疫的，依照本法第七十八条的规定处罚。”和第七十八条“违反本法规定，屠宰、经营、运输的动物未附有检疫证明，经营和运输的动物产品未附有检疫证明、检疫标志的，由动物卫生监督机构责令改正，处同类检疫合格动物、动物产品货值金额百分之十以上百分之五十以下罚款；对货主以外的承运人处运输费用一倍以上三倍以下罚款。”之规定，参照《四川省农业行政处罚裁量标准》(动物卫生监督)序号9:“屠宰、经营、运输的动物或者生产、经营、加工、贮藏、运输的动物产品依法应当检疫而未检疫，货值金额2万元以上的由动物卫生监督机构责令改正，处同类检疫合格动物、动物产品货值金额 30%以上 50%以下罚款；对货主以外的承运人处运输费用 2 倍以上 3 倍以下的罚款。”和《四川省农业行政处罚裁量权适用规则》第六条“当事人有下列情形之一的，可以从轻或者减轻行政处罚：(一) 能够主动改正或者及时中止违法行为的;”之规定，鉴于本机关检查发现当事人的违法行为以后，当事人及时采取措施，主动改正违法行为，建议责令当事人立即改正违法行为，并从轻处罚如下：

处货值金额 1448795.00 元 30%的罚款，共计 434638.5 元。

鉴于[redacted]农牧股份有限公司派出人员和车辆运输当事人的生猪没有收取运输费用，建议对[redacted]农牧股份有限公司承运依法应当检疫而未经检疫动物的违法行为责令改正，不予立案。

讨论发言：

蒋[redacted]：本案应该补充调查都江堰[redacted]科技有限公司违法期间是否对都江堰市、崇州市造成过动物疫情，如果有此情况，应该依法从重处罚。

袁[redacted]：拟发函至都江堰市和崇州市，请他们协助调查相关情况。

张[redacted]：本案从轻处罚的依据——都江堰[redacted]科技有限公司主动改正违法行为有待商榷，该公司在案发后进行的内部整改，应该不能算作主动改正。

曹[redacted]：同意案发后的内部整改行为不能算主动改正，不是主动改正的也就没有从轻处罚的法律依据。

黄[redacted]：我认为都江堰[redacted]科技有限公司运输依法应当检疫而未经检疫动物案定性正确、事实清楚、形成证据链相互印证。办案人员对当事人运输依法应当检疫而未经检疫动物的违法行为，依据《动物防疫法》第七十六条和第七十八条规定，参照

149

《四川省农业行政处罚裁量标准》（动物卫生监督）序号 9：“屠宰、经营、运输的动物或者生产、经营、加工、贮藏、运输的动物产品依法应当检疫而未检疫，货值金额 2 万元以上的由动物卫生监督机构责令改正，处同类检疫合格动物、动物产品货值金额 30%以上 50%以下罚款”之规定，因当事人在事后立即采取措施改正违法行为，在裁量标准 30%至 50%之间选取货值金额 30%的处罚标准，是恰当的。

主持人总结发言：从汇报的案情看，都江堰[redacted]科技有限公司运输依法应当检疫而未经检疫动物案事实清楚、程序合法、适用法律得当，大家没有不同意见。都江堰[redacted]科技有限公司运输依法应当检疫而未经检疫的生猪，在本机关检查发现后的改正行为，不作为从轻处罚的依据。根据本案目前调查情况，原则同意动物卫生监督执法支队提出的“责令当事人立即改正违法行为，并处罚如下：处货值金额 1448795.00 元 30%的罚款，共计 434638.5 元。”的建议。同时，执法人员对都江堰[redacted]科技有限公司在违法期间是否对都江堰市、崇州市造成动物疫情进行补充调查，根据调查结果，再由案审会审定。

此外，对于动物卫生监督执法支队提出的：“鉴于[redacted]农牧股份有限公司派出人员和车辆运输当事人的生猪没有收取运输费用，建议对[redacted]农牧股份有限公司承运依法应当检疫而未经检疫动物的违法行为责令改正，不予立案。”的建议，会议没有不同意见。

讨论结束。

参加讨论人员签名：[illegible][redacted]

石[redacted]、何[redacted]、[illegible][redacted]

白[redacted] [illegible][redacted] 李[redacted]

[illegible][redacted] [illegible][redacted]

袁[redacted] 曹[redacted] 贾[redacted]

成都市动物卫生监督所

成都市动物卫生监督所
案件审查委员会决定

2017 年第 2 号

案　　由：都江堰[redacted]科技有限公司运输依法应当检疫而未经检疫动物案

提请机构：动物卫生监督执法支队

审议时间：2017 年 9 月 22 日

审议决定：都江堰[redacted]科技有限公司运输依法应当检疫而未经检疫动物一案（成动监立〔2017〕5 号），经成都市动物卫生监督所案件审查委员会集体讨论认为：

1、都江堰[redacted]科技有限公司运输依法应当检疫而未经检疫的生猪，在本机关检查发现后的改正行为，不作为从轻处罚的依据。

2、根据本案目前调查情况，都江堰[redacted]科技有限公司运输依法应当检疫而未经检疫动物案事实清楚、程序合法、适用法律得当，原则同意动物卫生监督执法支队提出的责令当事人立即

152

改正违法行为，并处罚如下：处货值金额 1448795.00 元 30%的罚款，共计 434638.5 元。

3、动物卫生监督执法支队依法调查需补充调查都江堰[redacted]科技有限公司在违法期间是否对都江堰市、崇州市造成动物疫情，以便综合考量。

4、同意动物卫生监督执法支队提出的："鉴于[redacted]农牧股份有限公司派出人员和车辆运输当事人的生猪没有收取运输费用，建议对[redacted]农牧股份有限公司承运依法应当检疫而未经检疫动物的违法行为责令改正，不予立案。"的建议。

成都市动物卫生监督所

20[illegible]年 9 月 2[illegible]日

案件处理意见书

<table>
<tr><td>案由</td><td colspan="4">运输依法应当检疫而未经检疫的动物案</td></tr>
<tr><td rowspan="2">当事人</td><td>名称</td><td>都江堰[redacted]科技有限公司</td><td>法定代表人</td><td>岳[redacted]</td></tr>
<tr><td>地址</td><td>都江堰市[redacted]</td><td>电话</td><td>138[redacted]</td></tr>
<tr><td>案件调查经过</td><td colspan="4">2017年9月8日，成都市动物卫生监督所执法人员会同都江堰市动物卫生监督所执法人员对都江堰[redacted]科技有限公司进行执法检查，执法人员向该公司场长唐[redacted]出示执法证后依法对该公司进行了执法检查，检查时发现该场的仔猪在出场时未向当地动物卫生监督机构申报产地检疫。执法人员现场电话联系了该公司法定代表人岳[redacted]，岳[redacted]表示此时正在外地出差无法到现场，同意委托该场场长唐[redacted]接受调查。执法人员现场提取了都江堰[redacted]科技有限公司的《动物防疫条件合格证》正本复印件、《营业执照》副本复印件和《种畜禽生产经营许可证》副本复印件，都江堰[redacted]科技有限公司法定代表人岳[redacted]、场长唐[redacted]和后勤主任聂[redacted]的身份证复印件；提取了该公司2015年11月5日到2017年2月22日期间的调拨台账打印件，执法人员对都江堰[redacted]科技有限公司进行了拍照取证，制作了现场检查笔录，对该公司场长唐[redacted]、后勤主任聂[redacted]进行了调查询问。2017年9月11日，经本机关负责人批准立案。
为了查清当事人涉嫌运输依法应当检疫而未经检疫动物案的具体行为，2017年9月11日，本机关执法人员会同都江堰市动物卫生监督所执法人员再次对都江堰[redacted]科技有限公司进行现场调查取证。执法人员现场收集了《授权委托书》、《猪只转群记录单》、《都江堰[redacted]科技有限公司生猪调拨价格台账》，对当事人的被委托人唐[redacted]进行了调查询问，并制作了现场检查笔录和现场勘验笔录。</td></tr>
</table>

2017年9月12日，本机关执法人员到位于崇州市[redacted]的崇州市[redacted]家庭农场进行调查取证。执法人员现场对崇州市[redacted]家庭农场的场地、运输车辆、《动物防疫条件合格证》正本和《营业执照》副本进行了拍照取证，现场提取了[redacted]农牧股份有限公司驾驶人罗[redacted]和崇州市[redacted]家庭农场场长荣[redacted]的身份证复印件、养殖器具租赁合同复印件，现场对罗[redacted]、荣[redacted]进行了调查询问。

2017年9月14日，本机关执法人员依法收集了当事人和[redacted]农牧股份有限公司提供的《证明》，[redacted]农牧股份有限公司生产部经理李[redacted]的身份证复印件，对李[redacted]和唐[redacted]进行了调查询问。本机关向都江堰动物卫生监督所函询当事人转运生猪时在当地的检疫申报情况，都江堰动物卫生监督所于当日函复本机关。

2017年9月15日，本机关执法人员依法收集了由唐[redacted]提供的《都江堰[redacted]科技公司章程》，《准予变更登记通知书》（(崇州）登记内变（备）字2011第001122号）复印件和《准予变更登记通知书》（(成）登记内变字〔2016〕第000651号）复印件；李[redacted]提供的《营业执照》和转账通知单复印件、增值税发票复印件、《猪场租赁合同》复印件，对唐[redacted]、李[redacted]进行了调查询问。

2017年9月18日，唐[redacted]向本机关提供《都江堰[redacted]科技有限公司关于对存在违法行为的整改报告》。

2017年9月20日，本机关执法人员再次对唐[redacted]进行调查询问，并提取了猪场种猪销售通知单复印件记账凭证复印件和上海浦东发展银行（浦发成都都江堰支行）贷记通知复印件。

| 所附证据材料 | 第一组证据（2017 年 9 月 8 日形成的证据）：
一、当事人的《营业执照》、《种畜禽生产经营许可证》、《动物防疫条件合格证》复印件各一份共 3 页、照片 1 张、法定代表人岳[redacted]身份证复印件一份共 1 页。证明事实：当事人身份及法定资质。
二、询问笔录 2 份共 5 页、场长唐[redacted]和后勤主任聂[redacted]的身份证复印件各一份共 2 页、现场检查笔录 1 份共 2 页、《都江堰[redacted]科技有限公司调拨台账》打印件 5 页。证明事实：当事人确有运输依法应当检疫而未经检疫的动物的违法行为及运输动物的数量。
第二组证据（2017 年 9 月 11 日形成的证据）：
一、《授权委托书》一份共 1 页。证明事实：唐[redacted]的被委托关系。
二、现场勘验笔录一份共 3 页。证明事实：当事人的地理位置。
三、现场检查笔录一份共 1 页、《猪只转群记录单》26 页、《都江堰[redacted]科技有限公司生猪调拨价格台账》5 页、询问笔录一份共 4 页。证明事实：当事人在 2015 年 11 月 4 日到 2017 年 2 月 22 日期间向崇州[redacted]家庭农场运输仔猪的数量、货值金额及运输的事实；2015 年 9 月 19 日到 2015 年 11 月 3 日和 2017 年 2 月 23 日到 2017 年 9 月 8 日期间，当事人未进行仔猪调运的事实。
第三组证据（2017 年 9 月 12 日形成的证据）：
一、崇州市[redacted]家庭农场《动物防疫条件合格证》正本照片 1 张、《营业执照》副本照片 1 张、崇州市[redacted]家庭农场大门照片 1 张、崇州市[redacted]家庭农场饲养圈照片 1 张。证明事实：崇州市[redacted]家庭农场法定资质及养殖场地。
二、询问笔录 2 份共 7 页、货车照片 1 张、罗[redacted]的车辆行驶 |

156

证和驾驶证复印件一份共1页、罗[redacted]和荣[redacted]的身份证复印件各一份共2页、《养殖器具租赁合同》复印件一份共3页。证明事实：以[redacted]农牧股份有限公司的名义租赁崇州市[redacted]家庭农场（2016年-2018年）；当事人、[redacted]农牧股份有限公司和崇州市[redacted]家庭农场的关系；从2015年11月4日到2017年2月22日期间当事人向其配套场崇州市[redacted]家庭农场转运生猪的事实；转运生猪的车辆是[redacted]农牧股份有限公司的，驾驶员是[redacted]农牧股份有限公司的员工罗[redacted]；[redacted]农牧股份有限公司和驾驶人罗[redacted]均没有收取转运生猪的运输费用。

第四组证据（2017年9月14日形成的证据）：

一、《证明》两份共2页。证明事实：李[redacted]、罗[redacted]、荣[redacted]是[redacted]农牧股份有限公司的员工，岳[redacted]、唐[redacted]、聂[redacted]是当事人的员工。

二、李[redacted]的身份证复印件一份共1页、询问笔录两份共5页。证明事实：当事人是[redacted]农牧股份有限公司的子公司；当事人转运生猪没有经营行为。

三、《成都市动物卫生监督所关于查询检疫证明有关情况的函》、《都江堰市动物卫生监督所关于查询检疫证明有关情况的回复》各一份共2页。证明事实：在2015年9月19日之前四川省电子出证系统有当事人的动物产地检疫出证记录；2015年9月19日至2017年9月8日当事人未向都江堰市动物卫生监督所及都江堰市动物检疫申报点申报过产地检疫，在四川省电子出证系统也没有当事人的动物产地检疫出证记录。

第五组证据（2017年9月15日形成的证据）：

一、《营业执照》一份共1页、《准予变更登记通知书》（（崇州）

登记内变（备）字2011第001122号）复印件、《准予变更登记通知书》（(成）登记内变字〔2016〕第000651号）复印件各一份共2页、《都江堰[redacted]科技公司章程》第1页、第2页和第13页共3页。证明事实：[redacted]农牧股份有限公司的法定身份；[redacted]农牧股份有限公司名称变更经过；当事人是[redacted]农牧股份有限公司的子公司。

二、转账通知单复印件2页、增值税发票2页、《猪场租赁合同》复印件一份共8页。证明事实：[redacted]农牧股份有限公司在2014-2016年租赁崇州市[redacted]家庭农场；[redacted]农牧股份有限公司在2014-2016年租赁崇州市[redacted]家庭农场；当事人是租金的实际支付人。

三、询问笔录两份共6页。证明事实：当事人是[redacted]农牧股份有限公司的子公司；当事人使用[redacted]农牧股份有限公司的驾驶人和车辆转运猪只没有支付运费。

第六组证据（2017年9月18日形成的证据）：

当事人的被委托人唐[redacted]向本机关提供《都江堰[redacted]科技有限公司关于对存在违法行为的整改报告》一份共10页。证明事实：本机关检查发现当事人的违法行为以后，当事人及时采取措施，主动改正违法行为。

第七组证据（2017年9月20日形成的证据）：

猪场种猪销售通知单复印件一份共1页、记账凭证复印件一份共1页、上海浦东发展银行（浦发成都都江堰支行）贷记通知复印件各一份共1页、询问笔录一份共3页。证明事实：当事人转运到崇州市[redacted]家庭农场的仔猪饲养后出栏时出售所得的收入归当事人所有，证明当事人转运仔猪没有经营行为。

158

调查结论及处理意见	经调查，现已查明： （一）都江堰[redacted]科技有限公司是经工商登记注册的法人组织，是本案违法行为的适格主体；其法定代表人：岳[redacted]；当事人地址：都江堰市[redacted]。[redacted]农牧股份有限公司是当事人的母公司。崇州市[redacted]家庭农场是当事人的配套场，地址：崇州市[redacted]；该配套场是以[redacted]农牧股份有限公司名义租用的，租金由当事人支付。 （二）2015年9月19日以前当事人运输仔猪到配套场有检疫出证记录。2015年11月4日到2017年2月22日期间当事人从都江堰市[redacted]运输仔猪到位于崇州市[redacted]的崇州市[redacted]家庭农场没有申报产地检疫。2015年9月19日到2015年11月3日和2017年2月23日到2017年9月8日期间，当事人未调拨运输过仔猪。 （三）当事人在2015年11月4日到2017年2月22日期间向崇州[redacted]家庭农场运输了仔猪26批次，共计2924头，均未经检疫。 （四）当事人在2015年11月4日到2017年2月22日期间向崇州[redacted]家庭农场运输未经检疫的2924头仔猪货值金额共计1448795.00元。 （五）当事人在2015年11月4日到2017年2月22日期间运输仔猪的车辆为母公司[redacted]农牧股份有限公司的东风[redacted]货车，车牌号为川A[redacted]；驾驶员为[redacted]农牧股份有限公司的员工罗[redacted]；

[redacted]农牧股份有限公司和罗[redacted]均没有收取运输费用。

（六）当事人运输仔猪到崇州市[redacted]家庭农场只是内部转运继续饲养，没有经营行为。

（七）本机关检查发现当事人的违法行为以后，当事人及时采取措施，主动改正违法行为。

依据《动物检疫管理办法》第四条规定：“动物检疫的范围、对象和规程由农业部制定、调整并公布。”和《农业部关于印发<生猪产地检疫规程>等4个规程的通知》（农医发〔2010〕20号），当事人运输的仔猪属于依法应当检疫的动物。当事人运输依法应当检疫而未经检疫动物的行为，违反了《中华人民共和国动物防疫法》第二十五条“禁止屠宰、经营、运输下列动物和生产、经营、加工、贮藏、运输下列动物产品：(三)依法应当检疫而未经检疫或者检疫不合格的”之规定。

依据《中华人民共和国动物防疫法》第七十六条“违反本法第二十五条规定，屠宰、经营、运输动物或者生产、经营、加工、贮藏、运输动物产品的，由动物卫生监督机构责令改正、采取补救措施，没收违法所得和动物、动物产品，并处同类检疫合格动物、动物产品货值金额一倍以上五倍以下罚款；其中依法应当检疫而未检疫的，依照本法第七十八条的规定处罚。”和第七十八条“违反本法规定，屠宰、经营、运输的动物未附有检疫证明，经营和运输的动物产品未附有检疫证明、检疫标志的，由动物卫生监督机构责令改

160

正，处同类检疫合格动物、动物产品货值金额百分之十以上百分之五十以下罚款；对货主以外的承运人处运输费用一倍以上三倍以下罚款。”之规定，参照《四川省农业行政处罚裁量标准》（动物卫生监督）序号9：“屠宰、经营、运输的动物或者生产、经营、加工、贮藏、运输的动物产品依法应当检疫而未检疫，货值金额2万元以上的由动物卫生监督机构责令改正，处同类检疫合格动物、动物产品货值金额30%以上50%以下罚款；对货主以外的承运人处运输费用2倍以上3倍以下的罚款。”和《四川省农业行政处罚裁量权适用规则》第六条“当事人有下列情形之一的，可以从轻或者减轻行政处罚：（一）能够主动改正或者及时中止违法行为的；”之规定，鉴于本机关检查发现当事人的违法行为以后，当事人及时采取措施，主动改正违法行为，建议责令当事人立即改正违法行为，并从轻处罚如下：

处货值金额1448795.00元30%的罚款，共计434638.5元。

鉴于[redacted]农牧股份有限公司派出人员和车辆运输当事人的生猪没有收取运输费用，建议对[redacted]农牧股份有限公司承运依法应当检疫而未经检疫动物的违法行为责令改正，不予立案。

执法人员签名：[redacted]

2017年9月20日

执法机构意见	同意办案人员意见 签名：李[redacted] 2017年9月20日
法制机构意见	建议提交案审会讨论。 签名：石[redacted] 2017年9月20日
执法机关意见	同意案审会意见。 签名：[redacted] 2017年9月22日

9

成都市动物卫生监督所

重大案件集体讨论记录

案由：都江堰[redacted]科技有限公司运输依法应当检疫而未经检疫动物案

主持人：王[redacted]　　　　　　　　　　**记录人：**黄[redacted]

参加人员：王[redacted]、李[redacted]、石[redacted]、李[redacted]、何[redacted]、白[redacted]、袁[redacted]

讨论时间：2017 年 9 月 29 日 13：30-14:30

讨论地点：[redacted]市农业综合执法总队二楼会议室

执法机构案情介绍：

袁[redacted]：2017 年 9 月 25 日，我支队执法人员按照本案第一次案审会要求对都江堰[redacted]科技有限公司及其配套场崇州[redacted]家庭农场及周边在 2015 年 9 月 19 日到 2017 年 9 月 8 日期间动物疫情发生情况函询都江堰市动物卫生监督所和崇州市动物卫生监督所，都江堰市动物卫生监督所和崇州市动物卫生监督所于 2017 年 9 月 25 日函复本机关，复函结果表明当事人及其配套场崇州[redacted]家庭农场及周围五千米范围在 2015 年 9 月 19 日到 2017 年 9 月 8 日期间无动物疫情发生，未产生社会危害结果。

因此，建议对当事人维持第一次案审会的“责令当事人立即

163

改正违法行为，并处罚如下：处货值金额 1448795.00 元 30%的罚款，共计 434638.5 元。”的决定。

讨论发言：

李[redacted]：最新补充的证据可以认定都江堰[redacted]科技有限公司违法期间没有对都江堰市、崇州市造成过动物疫情，因此本人同意本案维持第一次案审会的相关处罚决定。

石[redacted]：新证据确已表明当事人在本案违法期间没有对都江堰市、崇州市造成过动物疫情，本人也同意本案维持第一次案审会的相关处罚决定。

主持人总结发言：从汇报的情况看，按照本案第一次案审会要求，本机关执法人员对当事人在违法期间对案发地是否造成疫情进行了调查，结果表明，当事人在案发期间没有对案发地造成疫情，对此，大家没有不同意见。根据本案最新调查情况，经集体讨论，同意维持本案第一次案审会动物卫生监督执法支队提出的“责令当事人立即改正违法行为，并处罚如下：处货值金额 1448795.00 元 30%的罚款，共计 434638.5 元。”的建议。

讨论结束。

参加讨论人员签名：[redacted]

164

成都市动物卫生监督所

成都市动物卫生监督所
案件审查委员会决定

2017 年第 3 号

案　　由：都江堰[redacted]科技有限公司运输依法应当检疫而未经检疫动物案

提请机构：动物卫生监督执法支队

审议时间：2017 年 9 月 29 日

审议决定：都江堰[redacted]科技有限公司运输依法应当检疫而未经检疫动物一案（成动监立〔2017〕5 号），经成都市动物卫生监督所案件审查委员会集体讨论认为：

根据本案最新调查情况，都江堰[redacted]科技有限公司运输依法应当检疫而未经检疫动物案事实清楚、证据确凿、程序合法、适用法律得当，同意维持本案第一次案审会决定，责令当事人立即改正违法行为，并处罚如下：处货值金额 1448795.00 元 30%的罚款，共计 434638.5 元。

成都市动物卫生监督所

2017 年 9 月 29 日

案件处理意见书

<table>
<tr><td>案由</td><td colspan="4">运输依法应当检疫而未经检疫的动物案</td></tr>
<tr><td rowspan="2">当事人</td><td>名称</td><td>都江堰[redacted]科技有限公司</td><td>法定代表人</td><td>岳[redacted]</td></tr>
<tr><td>地址</td><td>都江堰市[redacted]</td><td>电话</td><td>138[redacted]</td></tr>
<tr><td>案件调查经过</td><td colspan="4">2017年9月8日，成都市动物卫生监督所执法人员会同都江堰市动物卫生监督所执法人员对都江堰[redacted]科技有限公司进行执法检查，执法人员向该公司场长唐[redacted]出示执法证后依法对该公司进行了执法检查，检查时发现该场的仔猪在出场时未向当地动物卫生监督机构申报产地检疫。执法人员现场电话联系了该公司法定代表人岳[redacted]，岳[redacted]表示此时正在外地出差无法到现场，同意委托该场场长唐[redacted]接受调查。执法人员现场提取了都江堰[redacted]科技有限公司的《动物防疫条件合格证》正本复印件、《营业执照》副本复印件和《种畜禽生产经营许可证》副本复印件，都江堰[redacted]科技有限公司法定代表人岳[redacted]、场长唐[redacted]和后勤主任聂[redacted]的身份证复印件；提取了该公司2015年11月5日到2017年2月22日期间的调拨台账打印件，执法人员对都江堰[redacted]科技有限公司进行了拍照取证，制作了现场检查笔录，对该公司场长唐[redacted]、后勤主任聂[redacted]进行了调查询问。2017年9月11日，经本机关负责人批准立案。
为了查清当事人涉嫌运输依法应当检疫而未经检疫动物案的具体行为，2017年9月11日，本机关执法人员会同都江堰市动物卫生监督所执法人员再次对都江堰[redacted]科技有限公司进行现场调查取证。执法人员现场收集了《授权委托书》、《猪只转群记录单》、《都江堰[redacted]科技有限公司生猪调拨价格台账》，对当事人的被委托人唐[redacted]进行了调查询问，并制作了现场检查笔录和现场勘验笔录。</td></tr>
</table>

2017年9月12日，本机关执法人员到位于崇州市[redacted]的崇州市[redacted]家庭农场进行调查取证。执法人员现场对崇州市[redacted]家庭农场的场地、运输车辆、《动物防疫条件合格证》正本和《营业执照》副本进行了拍照取证，现场提取了[redacted]农牧股份有限公司驾驶人罗[redacted]和崇州市[redacted]家庭农场场长荣[redacted]的身份证复印件、养殖器具租赁合同复印件，现场对罗[redacted]、荣[redacted]进行了调查询问。

2017年9月14日，本机关执法人员依法收集了当事人和[redacted]农牧股份有限公司提供的《证明》，[redacted]农牧股份有限公司生产部经理李[redacted]的身份证复印件，对李[redacted]和唐[redacted]进行了调查询问。本机关向都江堰动物卫生监督所函询当事人转运生猪时在当地的检疫申报情况，都江堰动物卫生监督所于当日函复本机关。

2017年9月15日，本机关执法人员依法收集了由唐[redacted]提供的《都江堰[redacted]科技公司章程》，《准予变更登记通知书》((崇州)登记内变(备)字2011第001122号)复印件和《准予变更登记通知书》((成)登记内变字〔2016〕第000651号)复印件；李[redacted]提供的《营业执照》和转账通知单复印件、增值税发票复印件、《猪场租赁合同》复印件，对唐[redacted]、李[redacted]进行了调查询问。

2017年9月18日，唐[redacted]向本机关提供《都江堰[redacted]科技有限公司关于对存在违法行为的整改报告》。

2017年9月20日，本机关执法人员再次对唐[redacted]进行调查询问，并提取了猪场种猪销售通知单复印件记账凭证复印件和上海浦东发展银行（浦发成都都江堰支行）贷记通知复印件。

2017年9月25日，本机关就当事人及其配套场崇州[redacted]家庭农场在2015年9月19日到2017年9月8日期间动物疫情发生情况函询都江堰市动物卫生监督所和崇州市动物卫生监督所，都江堰市动物卫生监督所和崇州市动物卫生监督所于2017年9月25日函复本机关。

所附证据材料

第一组证据（2017 年 9 月 8 日形成的证据）：

一、当事人的《营业执照》、《种畜禽生产经营许可证》、《动物防疫条件合格证》复印件各一份共 3 页、照片 1 张、法定代表人岳[redacted]身份证复印件一份共 1 页。证明事实：当事人身份及法定资质。

二、询问笔录 2 份共 5 页、场长唐[redacted]和后勤主任聂[redacted]的身份证复印件各一份共 2 页、现场检查笔录 1 份共 2 页、《都江堰[redacted]科技有限公司调拨台账》打印件 5 页。证明事实：当事人确有运输依法应当检疫而未经检疫的动物的违法行为及运输动物的数量。

第二组证据（2017 年 9 月 11 日形成的证据）：

一、《授权委托书》一份共 1 页。证明事实：唐[redacted]的被委托关系。

二、现场勘验笔录一份共 3 页。证明事实：当事人的地理位置。

三、现场检查笔录一份共 1 页、《猪只转群记录单》26 页、《都江堰[redacted]科技有限公司生猪调拨价格台账》5 页、询问笔录一份共 4 页。证明事实：当事人在 2015 年 11 月 4 日到 2017 年 2 月 22 日期间向崇州[redacted]家庭农场运输仔猪的数量、货值金额及运输的事实；2015 年 9 月 19 日到 2015 年 11 月 3 日和 2017 年 2 月 23 日到 2017 年 9 月 8 日期间，当事人未进行仔猪调运的事实。

第三组证据（2017 年 9 月 12 日形成的证据）：

一、崇州市[redacted]家庭农场《动物防疫条件合格证》正本照片 1 张、《营业执照》副本照片 1 张、崇州市[redacted]家庭农场大门照片 1 张、崇州市[redacted]家庭农场饲养圈照片 1 张。证明事实：崇州市[redacted]家庭农场法定资质及养殖场地。

二、询问笔录 2 份共 7 页、货车照片 1 张、罗[redacted]的车辆行驶证和驾驶证复印件一份共 1 页、罗[redacted]和荣[redacted]的身份证复印件各一份共 2 页、《养殖器具租赁合同》复印件一份共 3 页。证明事实：以[redacted]农牧股份有限公司的名义租赁崇州市[redacted]家庭农场（2016 年-2018 年）；当事人、[redacted]农牧股份有限公司和崇州市[redacted]家庭农场的

168

关系；从2015年11月4日到2017年2月22日期间当事人向其配套场崇州市[redacted]家庭农场转运生猪的事实；转运生猪的车辆是[redacted]农牧股份有限公司的，驾驶员是[redacted]农牧股份有限公司的员工罗[redacted]；[redacted]农牧股份有限公司和驾驶人罗[redacted]均没有收取转运生猪的运输费用。

第四组证据（2017年9月14日形成的证据）：

一、《证明》两份共2页。证明事实：李[redacted]、罗[redacted]、荣[redacted]是[redacted]农牧股份有限公司的员工，岳[redacted]、唐[redacted]、聂[redacted]是当事人的员工。

二、李[redacted]的身份证复印件一份共1页、询问笔录两份共5页。证明事实：当事人是[redacted]农牧股份有限公司的子公司；当事人转运生猪没有经营行为。

三、《成都市动物卫生监督所关于查询检疫证明有关情况的函》、《都江堰市动物卫生监督所关于查询检疫证明有关情况的回复》各一份共2页。证明事实：在2015年9月19日之前四川省电子出证系统有当事人的动物产地检疫出证记录；2015年9月19日至2017年9月8日当事人未向都江堰市动物卫生监督所及都江堰市动物检疫申报点申报过产地检疫，在四川省电子出证系统也没有当事人的动物产地检疫出证记录。

第五组证据（2017年9月15日形成的证据）：

一、《营业执照》一份共1页、《准予变更登记通知书》（（崇州）登记内变（备）字2011第001122号）复印件、《准予变更登记通知书》（（成）登记内变字〔2016〕第000651号）复印件各一份共2页、《都江堰[redacted]科技公司章程》第1页、第2页和第13页共3页。证明事实：[redacted]农牧股份有限公司的法定身份；[redacted]农牧股份有限公司名称变更经过；当事人是[redacted]农牧股份有限公司的子公司。

二、转账通知单复印件2页、增值税发票2页、《猪场租赁合同》

复印件一份共8页。证明事实：[redacted]农牧股份有限公司在2014-2016年租赁崇州市[redacted]家庭农场；[redacted]农牧股份有限公司在2014-2016年租赁崇州市[redacted]家庭农场；当事人是租金的实际支付人。

三、询问笔录两份共6页。证明事实：当事人是[redacted]农牧股份有限公司的子公司；当事人使用[redacted]农牧股份有限公司的驾驶人和车辆转运猪只没有支付运费。

第六组证据（2017年9月18日形成的证据）：

当事人的被委托人唐[redacted]向本机关提供《都江堰[redacted]科技有限公司关于对存在违法行为的整改报告》一份共10页。证明事实：本机关检查发现当事人的违法行为以后，当事人及时采取措施，主动改正违法行为。

第七组证据（2017年9月20日形成的证据）：

猪场种猪销售通知单复印件一份共1页、记账凭证复印件一份共1页、上海浦东发展银行（浦发成都都江堰支行）贷记通知复印件各一份共1页、询问笔录一份共3页。证明事实：当事人转运到崇州市[redacted]家庭农场的仔猪饲养后出栏时出售所得的收入归当事人所有，证明当事人转运仔猪没有经营行为。

第八组证据（2017年9月25日形成的证据）：

《成都市动物卫生监督所关于查询动物疫情发生情况的函》两份共2页、《都江堰市动物卫生监督所关于动物疫情发生情况的复函》一份共1页、《崇州市动物卫生监督所关于动物疫情发生情况的复函》一份共1页。证明事实：当事人及其配套场崇州[redacted]家庭农场及周围五千米范围在2015年9月19日到2017年9月8日期间无动物疫情发生，未产生社会危害后果。

170

调查结论及处理意见

经调查，现已查明：

一、都江堰[redacted]科技有限公司是经工商登记注册的法人组织，是本案承担行政法律责任的适格主体；当事人地址：都江堰市[redacted]；其法定代表人：岳[redacted]。[redacted]农牧股份有限公司是当事人的母公司。崇州市[redacted]家庭农场是当事人的配套场，地址：崇州市[redacted]；该配套场是以[redacted]农牧股份有限公司名义租用的，租金由当事人支付。

二、2015 年 9 月 19 日以前当事人运输仔猪到配套场有检疫出证记录。2015 年 11 月 4 日到 2017 年 2 月 22 日期间当事人从都江堰市[redacted]运输仔猪到位于崇州市[redacted]的崇州市[redacted]家庭农场没有申报产地检疫。2015 年 9 月 19 日到 2015 年 11 月 3 日和 2017 年 2 月 23 日到 2017 年 9 月 8 日期间，当事人未调拨运输过仔猪。

三、当事人在 2015 年 11 月 4 日到 2017 年 2 月 22 日期间向崇州[redacted]家庭农场运输了仔猪 26 批次，共计 2924 头，均未经检疫。

四、当事人在 2015 年 11 月 4 日到 2017 年 2 月 22 日期间向崇州[redacted]家庭农场运输未经检疫的 2924 头仔猪货值金额共计 1448795.00 元。

五、当事人在 2015 年 11 月 4 日到 2017 年 2 月 22 日期间运输仔猪的车辆为母公司[redacted]农牧股份有限公司的东风[redacted]货车，车牌号为川 A[redacted]；驾驶员为[redacted]农牧股份有限公司的员工罗[redacted]；[redacted]农牧股份有限公司和罗[redacted]均没有收取运输费用。

六、当事人运输仔猪到崇州市[redacted]家庭农场只是内部转运继续饲养，没有经营行为。

七、本机关检查发现当事人的违法行为以后，当事人及时采取措施改正违法行为；当事人以及其配套场崇州市[redacted]家庭农场及周围五千米范围在2015年9月19日到2017年9月8日期间，无动物疫情发生，未产生社会危害后果。

依据《动物检疫管理办法》第四条规定：“动物检疫的范围、对象和规程由农业部制定、调整并公布。”和《农业部关于印发<生猪产地检疫规程>等4个规程的通知》（农医发〔2010〕20号），当事人运输的仔猪属于依法应当检疫的动物。当事人运输依法应当检疫而未经检疫生猪的行为，违反了《中华人民共和国动物防疫法》第二十五条“禁止屠宰、经营、运输下列动物和生产、经营、加工、贮藏、运输下列动物产品：(三)依法应当检疫而未经检疫或者检疫不合格的”之规定。

依据《中华人民共和国动物防疫法》第七十六条“违反本法第二十五条规定，屠宰、经营、运输动物或者生产、经营、加工、贮藏、运输动物产品的，由动物卫生监督机构责令改正、采取补救措施，没收违法所得和动物、动物产品，并处同类检疫合格动物、动物产品货值金额一倍以上五倍以下罚款；其中依法应当检疫而未检疫的，依照本法第七十八条的规定处罚”和第七十八条“违反本法规定，屠宰、经营、运输的动物未附有检疫证明，经营和运输的动物产品未附有检疫证明、检疫标志的，由动物卫生监督机构责令改正，处同类检疫合格动物、动物产品货值金额百分之十以上百分之五十以下罚款；对货主以外的承运人处运输费用一倍以上三倍以下

172

罚款”之规定，参照《四川省农业行政处罚裁量标准》（动物卫生监督）序号9：“屠宰、经营、运输的动物或者生产、经营、加工、贮藏、运输的动物产品依法应当检疫而未检疫，货值金额2万元以上的由动物卫生监督机构责令改正，处同类检疫合格动物、动物产品货值金额30%以上50%以下罚款；对货主以外的承运人处运输费用2倍以上3倍以下的罚款。”之规定，本机关检查发现当事人的违法行为以后，当事人及时采取措施改正违法行为，但不属于《四川省农业行政处罚裁量权适用规则》规定的可以从轻或减轻的情节；本机关调查核实当事人和配套场崇州市[redacted]家庭农场及周围五千米范围在2015年9月19日到2017年9月8日期间，无动物疫情发生，未产生社会危害后果，虽然属于《四川省农业行政处罚裁量权适用规则》规定的可以从轻或减轻的情节，但鉴于当事人违法货值金额较大，且违法行为持续时间较长，建议责令当事人立即改正违法行为，并处罚如下：

处货值金额1448795.00元30%的罚款，共计434638.5元。

鉴于[redacted]农牧股份有限公司派出人员和车辆运输当事人的生猪没有收取运输费用，建议对[redacted]农牧股份有限公司承运依法应当检疫而未经检疫动物的违法行为责令改正，不予立案。

执法人员签名：[redacted]

2017年9月26日

8

执法机构意见	同意办案人员意见 签名：李[redacted] 2017年9月26日
法制机构意见	建议再次提交案审会审定. 签名：石[redacted] 2017年9月26日
执法机关意见	同意案审会意见。 签名：[redacted] 2017年9月29日

成都市动物卫生监督所
行政处罚事先告知书

成动监告〔2017〕5号

都江堰[redacted]科技有限公司：

经调查，你公司运输依法应当检疫而未经检疫的动物一案，违法事实清楚，证据确凿。

2017年9月8日，成都市动物卫生监督所执法人员会同都江堰市动物卫生监督所执法人员对你公司进行执法检查，检查时发现你公司的仔猪在出场时未向当地动物卫生监督机构申报产地检疫，你公司的行为涉嫌违反了《中华人民共和国动物防疫法》第二十五条规定："禁止屠宰、经营、运输下列动物和生产、经营、加工、贮藏、运输下列动物产品：(三)依法应当检疫而未经检疫或者检疫不合格的"之规定。2017年9月11日，经本机关负责人批准立案。

现已查明：

一、你公司是经工商登记注册的法人组织，是本案承担行政法律责任的适格主体。

二、2015年11月4日到2017年2月22日期间你公司从都江堰市[redacted]运输仔猪到位于崇州市[redacted]的崇州市[redacted]家庭农场26批次，共计2924头，均未经检疫，货值金额共计1448795.00元。

三、你公司在2015年11月4日到2017年2月22日期间转运仔猪到崇州[redacted]家庭农场的车辆是东风[redacted]货车，车牌号为川A[redacted]；驾驶员为罗[redacted]。你公司运输仔猪到崇州市[redacted]家庭农场是内部转运继续饲养，没有经营行为。

四、本机关检查发现你公司的违法行为以后，你公司及时采取措施改正违法行为；你公司和配套场崇州市[redacted]家庭农场及周围五千米范围在2015年9月19日到2017年9月8日期间，无动物疫情发生,未产生社会危害后果。

以上违法事实有下列证据为证：

第一组证据（2017年9月8日形成的证据）：

一、你公司的《营业执照》、《种畜禽生产经营许可证》、《动物防疫条件合格证》复印件各一份共3页、照片1张、法定代表人岳[redacted]身份证复印件一份共1页。证明事实：你公司身份及法定资质。

二、询问笔录2份共5页、场长唐[redacted]和后勤主任聂[redacted]的身份证复印件各一份共2页、现场检查笔录1份共2页、《都江堰[redacted]科技有限公司调拨台账》打印件5页。证明事实：你公司确有运输依法应当检疫而未经检疫的动物的违法行为及运输动物的数量。

第二组证据（2017年9月11日形成的证据）：

一、《授权委托书》一份共1页。证明事实：唐[redacted]的被委托关系。

二、现场勘验笔录一份共3页。证明事实：你公司的地理位置。

三、现场检查笔录一份共1页、《猪只转群记录单》复印件26页、《都江堰[redacted]科技有限公司生猪调拨价格台账》打印件5页、询问笔录一份共4页。证明事实：你公司在2015年11月4日到2017年2月22日期间向崇州[redacted]家庭农场运输仔猪的数量、货值金额及运输的事实；2015年9月19日到2015年11月3日和2017年2月23日到2017年9月8日期间，你公司未进行仔猪调运的事实。

第三组证据（2017年9月12日形成的证据）：

一、崇州市[redacted]家庭农场《动物防疫条件合格证》正本照片1张、《营业执照》副本照片1张、崇州市[redacted]家庭农场大门照片1张、崇州市[redacted]家庭农场饲养圈照片1张。证明事实：崇州市[redacted]家庭农场法定资质及养殖场地。

二、询问笔录2份共7页、货车照片1张、罗[redacted]的车辆行驶证和驾驶证复印件一份共1页、罗[redacted]和荣[redacted]的身份证复印件各一份共2页、《养殖器具租赁合同》复印件一份共3页。证明事实：以[redacted]农牧股份有限公司的名义租赁崇州市[redacted]家庭农场（2016年-2018年）；你公司、[redacted]农牧股份有限公司和崇州市[redacted]家庭农场的关系；从2015年11月4日到2017年2月22日期间你公司向配套场崇州市[redacted]家庭农场转运生猪的事实；转运生猪的车辆是[redacted]农牧股份有限公司的，驾驶员是[redacted]农牧股份有限公司的员工罗[redacted]；[redacted]农牧股份有限公司和驾驶人罗[redacted]

均没有收取转运生猪的运输费用。

第四组证据（2017 年 9 月 14 日形成的证据）：

一、《证明》两份共 2 页。证明事实：李[redacted]、罗[redacted]、荣[redacted]是[redacted]农牧股份有限公司的员工；岳[redacted]、唐[redacted]、聂[redacted]是你公司的员工。

二、李[redacted]的身份证复印件一份共 1 页、询问笔录两份共 5 页。证明事实：你公司是[redacted]农牧股份有限公司的子公司；你公司转运生猪没有经营行为。

三、《成都市动物卫生监督所关于查询检疫证明有关情况的函》、《都江堰市动物卫生监督所关于查询检疫证明有关情况的回复》各一份共 2 页。证明事实：在 2015 年 9 月 19 日之前四川省电子出证系统有你公司的动物产地检疫出证记录；2015 年 9 月 19 日至 2017 年 9 月 8 日你公司未向都江堰市动物卫生监督所及都江堰市动物检疫申报点申报过产地检疫，在四川省电子出证系统也没有你公司的动物产地检疫出证记录。

第五组证据（2017 年 9 月 15 日形成的证据）：

一、《营业执照》一份共 1 页、《准予变更登记通知书》（（崇州）登记内变（备）字 2011 第 001122 号）复印件、《准予变更登记通知书》（（成）登记内变字〔2016〕第 000651 号）复印件各一份共 2 页、《都江堰[redacted]科技公司章程》第 1 页、第 2 页和第 13 页复印件共 3 页。证明事实：[redacted]农牧股份有限公司的法定身份；[redacted]农牧股份有限公司名称变更经过；你公司是[redacted]

[redacted]农牧股份有限公司的子公司。

二、转账通知单复印件2页、增值税发票复印件2页、《猪场租赁合同》复印件一份共8页。证明事实：[redacted]农牧股份有限公司在2014-2016年租赁崇州市[redacted]家庭农场；你公司是租金的实际支付人。

三、询问笔录两份共6页。证明事实：你公司是[redacted]农牧股份有限公司的子公司，你公司使用[redacted]农牧股份有限公司的驾驶人和车辆转运猪只没有支付运费。

第六组证据（2017年9月18日形成的证据）：

你公司的被委托人唐[redacted]向本机关提供《都江堰[redacted]科技有限公司关于对存在违法行为的整改报告》一份共10页。证明事实：本机关检查发现你公司的违法行为以后，你公司及时采取措施改正违法行为。

第七组证据（2017年9月20日形成的证据）：

猪场种猪销售通知单复印件一份共1页、记账凭证复印件一份共1页、上海浦东发展银行（浦发成都都江堰支行）贷记通知复印件各一份共1页、询问笔录一份共3页。证明事实：你公司转运到崇州市[redacted]家庭农场的仔猪饲养后出栏时出售所得的收入归你公司所有，证明你公司转运仔猪没有经营行为。

第八组证据（2017年9月25日形成的证据）：

《成都市动物卫生监督所关于查询动物疫情发生情况的函》两份共2页、《都江堰市动物卫生监督所关于动物疫情发生情况的复函》一份共1页、《崇州市动物卫生监督所关于动物疫情发生情况的复函》一份共1页。证明事实：你公司和配套场崇州[redacted]家庭农场及周围五千米范围在2015年9月19日到2017年9月8日期间无动物疫情发生，未产生社会危害后果。

依据《动物检疫管理办法》第四条规定："动物检疫的范围、对象和规程由农业部制定、调整并公布。"和《农业部关于印发<生猪产地检疫规程>等4个规程的通知》（农医发〔2010〕20号），你公司运输的仔猪属于依法应当检疫的动物。你公司运输依法应当检疫而未经检疫生猪的行为，违反了《中华人民共和国动物防疫法》第二十五条"禁止屠宰、经营、运输下列动物和生产、经营、加工、贮藏、运输下列动物产品：(三)依法应当检疫而未经检疫或者检疫不合格的"之规定。

依据《中华人民共和国动物防疫法》第七十六条"违反本法第二十五条规定，屠宰、经营、运输动物或者生产、经营、加工、贮藏、运输动物产品的，由动物卫生监督机构责令改正、采取补救措施，没收违法所得和动物、动物产品，并处同类检疫合格动物、动物产品货值金额一倍以上五倍以下罚款；其中依法应当检疫而未检疫的，依照本法第七十八条的规定处罚。"和第七十八条"违反本法规定，屠宰、经营、运输的动物未附有检疫证明，经营和运输的动物产品未附有检疫证明、检疫标志的，由动物卫生监督机构责令改正，处同类检疫合格动物、动物产品货值金额百分之十以上百分之五十以下罚款；对货主以外的承运人处运输

180

费用一倍以上三倍以下罚款。”之规定，参照《四川省农业行政处罚裁量标准》（动物卫生监督）序号9：“屠宰、经营、运输的动物或者生产、经营、加工、贮藏、运输的动物产品依法应当检疫而未检疫，货值金额2万元以上的由动物卫生监督机构责令改正，处同类检疫合格动物、动物产品货值金额30%以上50%以下罚款；对货主以外的承运人处运输费用2倍以上3倍以下的罚款。”之规定，本机关拟责令你公司立即改正违法行为，并拟处罚如下：

处货值金额1448795.00元30%的罚款，共计434638.5元。

根据《中华人民共和国行政处罚法》第三十一条、第三十二条和第四十二条之规定，你公司可以在收到本告知书之日起三日内向本机关进行陈述申辩、申请听证，逾期不陈述申辩、申请听证的，视为你公司放弃上述权利。

成都市动物卫生监督所

201[illegible]年9月30日

本机关地址：成都市武侯区一环路西一段[redacted]

联系人：李[redacted]　　　　　　　　电话：028850[redacted]

行政处罚决定审批表

<table>
<tr><td>案由</td><td colspan="5">运输依法应当检疫而未经检疫动物案</td></tr>
<tr><td rowspan="2"></td><td rowspan="2">单位</td><td>名称</td><td>都江堰[redacted]科技有限公司</td><td>法定代表人</td><td>岳[redacted]</td></tr>
<tr><td>地址</td><td>都江堰市[redacted]</td><td>电话</td><td>138[redacted]</td></tr>
<tr><td>陈述申辩或听证情况</td><td colspan="5">本机关在 2017 年 10 月 9 日向当事人送达了《行政处罚事先告知书》（成动监告〔2017〕5 号），当事人在规定的时间内未进行陈述申辩，也未申请听证。</td></tr>
</table>

182

处理意见	建议维持《行政处罚事先告知书》（成动监告〔2017〕5号）拟作出的行政处罚决定。 执法人员签名：罗[redacted] 李[redacted] 2017年10月13日
执法机构意见	同意执法人员处理意见 签名：李[redacted] 2017年10月13日
法制机构意见	同意办案机构意见. 签名：石[redacted] 2017年10月13日
执法机关意见	同意 签名：[redacted] 2017年 月15日

183

送达回证

案由	运输依法应当检疫而未经检疫的动物案				
受送达人	都江堰[redacted]科技有限公司				
送达单位	成都市动物卫生监督所				
送达文书及文号	送达地点	送达人	送达方式	收到日期	收件人签名
成都市动物卫生监督所行政处罚事先告知书 成动监告[2017]5号	成都市武侯区[redacted]	曾[redacted]	直接送达	2017.10.9	康[redacted]
备注	康[redacted]是当事人的被委托人。				

送达回证

案　　由	运输依法应当检疫而未经检疫的动物案				
受送达人	都江堰[redacted]科技有限公司				
送达单位	成都市动物卫生监督所				
送达文书及文号	送达地点	送达人	送达方式	收到日期	收件人签名
成都市动物卫生监督所行政处罚决定书 成动监罚[2017]第[redacted]	成都市武侯区[redacted]	谢[redacted]、李[redacted]	直接送达	2017.10.13	唐[redacted]
备注	唐[redacted]是当事人的委托代理人。				

川财 0102

1005

四川省政府非税收入一般缴款书（回　单）1

51

验证码：0707

填制日期：2017年10月13日　单位名称：成都市动物卫生监督所　单位编码：0100

付款人	全　称	都江堰[illegible]科技有限公司	收款人	全　称	成都市财政局应缴预算收入专户
	账　号			账　号	44022 35
	开户银行			开户银行	工行高新支行人民大道分理处

金额（大写）零仟零佰肆拾叁万肆仟陆佰叁拾捌元伍角零分

千	百	十	万	千	百	十	元	角	分
	¥	4	3	4	6	3	8	5	0

项目编码	项目名称	计费单位	计费数量	计费标准	金额
9990194	一般预算收入—罚没收入				

单位主管	银行盖章	银行打印
会计　　复核　　记账		

（印章：中国工商银行……）

此联付款人开户银行盖章后给付款人的回单

注：限30日内交款有效。

四川新财印务有限公司印制

川财票管（2014）008号 准印50000本

186

行政处罚结案报告

<table>
<tr><td>案　由</td><td colspan="3">运输依法应当检疫而未经检疫的动物案</td></tr>
<tr><td>当事人</td><td colspan="3">都江堰[redacted]科技有限公司</td></tr>
<tr><td>立案
时间</td><td>2017 年 9 月 11 日</td><td>处罚决定
送达时间</td><td>2017 年 10 月 13 日</td></tr>
<tr><td colspan="4">对当事人作出处罚决定如下：
处货值金额 1448795.00 元 30%的罚款，共计 434638.5 元。
执行情况如下：
当事人已于 2017 年 10 月 13 日将罚款 434638.5 元缴至指定银行。
至此，行政处罚决定全部执行完毕，现申请结案。
执法人员签名：[redacted]
2017 年 10 月 13 日</td></tr>
<tr><td>执法
机构
意见</td><td colspan="3">同意结案
签名：[redacted]
2017 年 10 月 13 日</td></tr>
<tr><td>处罚
机关
意见</td><td colspan="3">同意结案
签名：[redacted]
年 10 月 13 日</td></tr>
</table>

187

四川省重大行政处罚决定备案报告

成动监重处罚备〔2017〕1号

决定机关：成都市动物卫生监督所

决定批准人： 蒋[redacted] 职务：所长

办案人员姓名：罗[redacted] 执法证号：川A1[redacted]

李[redacted] 执法证号：川A1[redacted]

是否举行听证：否

是否由行政机关负责人集体讨论：是

其它需要说明的情况：无

报备单位：成都市动物卫生监督所

20[illegible]年10月13日

联系人：袁[redacted] 电话：139[redacted]

附件：

1. 《成都市动物卫生监督所行政处罚决定书》（成动监罚〔2017〕5号）

2. 成都市动物卫生监督所重大案情集体讨论记录

3. 成都市动物卫生监所案件审查委员会决定

卷内备考表

本卷情况说明：

本案卷共有文件材料188页

立 卷 人：罗[redacted]

检 查 人：袁[redacted]

立卷时间：2017年10月13日

图书在版编目(CIP)数据

2017年全国农业行政处罚优秀案卷选编 / 农业农村部法规司编. -- 北京 : 法律出版社, 2019
ISBN 978-7-5197-3246-2

Ⅰ. ①2… Ⅱ. ①农… Ⅲ. ①农业法-行政处罚法-案例-中国 Ⅳ. ①D922.45

中国版本图书馆CIP数据核字(2019)第042269号

2017年全国农业行政处罚优秀案卷选编
2017 NIAN QUANGUO NONGYE XINGZHENG CHUFA YOUXIU ANJUAN XUANBIAN

农业农村部法规司 编

策划编辑 沈小英 马丽娟
责任编辑 马丽娟
装帧设计 鲍龙卉

编辑统筹 法治与经济出版分社
出版 法律出版社
总发行 中国法律图书有限公司
经销 新华书店
印刷 中煤(北京)印务有限公司
责任印制 吕亚莉
开本 880毫米×1230毫米 1/16
印张 17.25
字数 330千
版本 2019年5月第1版
印次 2019年5月第1次印刷

法律出版社/北京市丰台区莲花池西里7号(100073)
网址/www.lawpress.com.cn
投稿邮箱/info@lawpress.com.cn
举报维权邮箱/jbwq@lawpress.com.cn
销售热线/010-83938336
咨询电话/010-63939796

中国法律图书有限公司/北京市丰台区莲花池西里7号(100073)
全国各地中法图分、子公司销售电话:
统一销售客服/400-660-6393
第一法律书店/010-83938334/8335
西安分公司/029-85330678
重庆分公司/023-67453036
上海分公司/021-62071639/1636
深圳分公司/0755-83072995

书号:ISBN 978-7-5197-3246-2
定价:80.00元
(如有缺页或倒装,中国法律图书有限公司负责退换)